"De empleado a emprendedor: Cómo dar el salto y convertirte en tu propio jefe"

Introducción

En estas páginas, exploraremos el emocionante viaje de transformarte de un empleado a un emprendedor exitoso, asumiendo el desafío de construir tu propio negocio y ser el dueño de tu destino.

El mundo del emprendimiento ofrece innumerables oportunidades para aquellos que desean escapar de la rutina laboral, perseguir sus pasiones y crear algo propio. Si te encuentras en ese punto de inflexión, donde el anhelo de independencia y libertad se cruza con la voluntad de asumir riesgos, este libro está diseñado para guiarte en cada paso del camino.

En estas páginas, descubrirás cómo prepararte mental y emocionalmente para el cambio, identificar oportunidades de negocio, elaborar planes estratégicos, superar desafíos y construir un negocio próspero. Exploraremos las habilidades necesarias para navegar por el mundo empresarial, desde la gestión financiera y el marketing, hasta el liderazgo y la toma de decisiones efectiva.

A través de historias inspiradoras de emprendedores exitosos y consejos prácticos basados en la experiencia, te ayudaremos a adquirir la confianza y las herramientas necesarias para dar el salto y convertirte en tu propio jefe. También abordaremos la importancia de encontrar un equilibrio entre tu vida personal y profesional, para que puedas disfrutar de los frutos de tu arduo trabajo sin sacrificar tu bienestar.

Recuerda, el camino del emprendimiento no está exento de desafíos y obstáculos, pero con la mentalidad correcta, la planificación adecuada y el compromiso constante, podrás alcanzar el éxito y dejar tu huella en el mundo empresarial.

Estás a punto de embarcarte en una emocionante aventura de autodescubrimiento y crecimiento personal. ¡Prepárate para desafiar tus límites, abrazar la creatividad y convertirte en el arquitecto de tu propia carrera! Juntos, exploraremos el apasionante viaje de transformarte de empleado a emprendedor. ¡Comencemos esta travesía hacia el mundo del emprendimiento!

Índice

Capítulo 1: El despertar del emprendedor

1.1 ¿Por qué ser tu propio jefe?

1.2 Identificando tu pasión y propósito

1.3 Superando el miedo al cambio

1.4 Definiendo el éxito en el emprendimiento

Capítulo 2: Preparándote para emprender

2.1 Evaluando tus habilidades y conocimientos

2.2 Desarrollando una mentalidad emprendedora

2.3 Estableciendo metas y objetivos claros

2.4 Construyendo una red de apoyo

Capítulo 3: Descubriendo oportunidades

3.1 Identificando nichos y tendencias de mercado

3.2 Realizando una investigación de mercado efectiva

3.3 Encontrando tu ventaja competitiva

3.4 Evaluando la viabilidad de tu idea de negocio

Capítulo 4: Planificando tu camino al éxito

4.1 Creando un plan de negocios estratégico

4.2 Estableciendo el presupuesto y la financiación inicial

4.3 Definiendo tu modelo de negocio

4.4 Estableciendo un cronograma y hitos clave

Capítulo 5: Legalidad y trámites empresariales

5.1 Selección de la estructura legal adecuada

5.2 Registrando tu empresa y cumpliendo con los requisitos legales

5.3 Protección de la propiedad intelectual y marcas comerciales

5.4 Comprendiendo los aspectos legales y fiscales del emprendimiento

Capítulo 6: Construyendo tu marca

6.1 Definiendo tu identidad de marca y valores

6.2 Diseñando un logotipo y materiales de marca

6.3 Creando una presencia en línea impactante

6.4 Implementando estrategias de marketing para aumentar la visibilidad

Capítulo 7: Gestión eficiente del negocio

7.1 Administrando tus recursos y finanzas

7.2 Contratación y formación de tu equipo

7.3 Estableciendo sistemas y procesos eficientes

7.4 Desarrollando habilidades de liderazgo y toma de decisiones

Capítulo 8: Superando los desafíos del emprendimiento

8.1 Manejando la incertidumbre y el fracaso

8.2 Manteniendo la motivación y la disciplina

8.3 Enfrentando obstáculos y resolviendo problemas

8.4 Cuidando tu bienestar personal y evitando el agotamiento

Capítulo 9: Creciendo y escalando tu negocio

9.1 Identificando oportunidades de crecimiento

9.2 Expandiendo tu oferta de productos o servicios

9.3 Planificando estratégicamente la expansión geográfica

9.4 Gestión del crecimiento y desarrollo sostenible

Capítulo 10: El camino hacia el éxito y el legado

10.4 Construyendo una cultura empresarial sólida

10.5 Planificando la sucesión o venta del negocio

10.6 Contribuyendo al ecosistema emprendedor y social

Capítulo 11: El equilibrio entre vida personal y profesional

11.1 Administrando tu tiempo y estableciendo límites

11.2 Manteniendo una salud física y mental óptima

11.3 Cultivando relaciones personales y familiares

11.4 Encontrando armonía entre tus roles como emprendedor y persona

Capítulo 1: El despertar del emprendedor

En el primer capítulo de nuestro libro, "El despertar del emprendedor", nos sumergimos en el emocionante proceso de descubrir y despertar la chispa emprendedora que yace dentro de ti. Este capítulo es fundamental, ya que marca el punto de partida en tu viaje hacia el emprendimiento y establece las bases para el éxito futuro.

1.1 Reconociendo tu pasión y propósito

En esta sección, te invitamos a reflexionar sobre tus pasiones, intereses y habilidades únicas. Te ayudaremos a identificar aquello que realmente te apasiona y te motiva, lo que te impulsa a querer convertirte en emprendedor. Exploraremos cómo alinear tu pasión con tu propósito, para que puedas construir un negocio en el que realmente creas y que refleje tus valores más profundos.

1.2 Superando el miedo al cambio

El camino del emprendimiento a menudo implica dejar la zona de confort y enfrentar el miedo al cambio. En esta sección, abordaremos los temores comunes que surgen al considerar convertirse en emprendedor y te brindaremos estrategias para superarlos. Aprenderás a transformar el miedo en motivación y a utilizarlo como impulso para tomar decisiones valientes.

1.3 Definiendo el éxito en el emprendimiento

El éxito puede tener diferentes significados para cada emprendedor. En esta parte del capítulo, te animamos a reflexionar sobre tu propia definición de éxito. ¿Qué metas y logros deseas alcanzar con tu negocio? Te ayudaremos a establecer objetivos claros y realistas, alineados con tu visión de éxito, para que puedas medir tu progreso a lo largo de tu viaje emprendedor.

1.4 Construyendo la mentalidad emprendedora

Una mentalidad emprendedora es fundamental para navegar por los desafíos del mundo empresarial. En esta sección, exploraremos las características clave de una mentalidad emprendedora, como la creatividad, la resiliencia y la mentalidad de crecimiento. Te proporcionaremos consejos prácticos y ejercicios para desarrollar y fortalecer esta mentalidad, permitiéndote enfrentar los obstáculos con confianza y determinación.

Al finalizar este capítulo, estarás equipado con las herramientas necesarias para despertar tu espíritu emprendedor y dar los primeros pasos en tu viaje hacia el éxito empresarial. Te sentirás inspirado, motivado y listo para abrazar las oportunidades que el mundo del emprendimiento tiene para ofrecer. Recuerda, el despertar del emprendedor marca el comienzo de una emocionante aventura llena de crecimiento, aprendizaje y logros. ¡Es hora de encender la llama y dar vida a tus sueños emprendedores!

1.1 ¿Por qué ser tu propio jefe?

En este apartado del capítulo "El despertar del emprendedor", exploraremos las razones convincentes y motivadoras que llevan a muchas personas a tomar la decisión de convertirse en su propio jefe. Ser tu propio jefe implica asumir la responsabilidad de tu destino y construir un negocio que refleje tus valores y aspiraciones. A continuación, profundizaremos en algunas de las principales razones por las cuales ser tu propio jefe puede ser una opción atractiva:

1.1.1 Libertad y autonomía

Una de las razones más poderosas para ser tu propio jefe es la libertad y autonomía que conlleva. Al emprender, tienes la capacidad de tomar decisiones independientes, establecer tus propias reglas y horarios, y dirigir tu negocio según tus propias convicciones. Esta libertad te permite moldear tu trabajo de acuerdo con tus prioridades y valores, brindándote un mayor sentido de control y satisfacción en tu vida profesional.

1.1.2 Seguir tu pasión

Muchos emprendedores deciden ser su propio jefe porque desean seguir su pasión y trabajar en algo que realmente les apasione. Al crear tu propio negocio, tienes la oportunidad de dedicarte a lo que amas y convertirlo en una fuente de ingresos. Esto te permite experimentar una mayor satisfacción y disfrute en tu trabajo, lo cual se traduce en una mayor motivación y compromiso para superar los desafíos que puedan surgir en el camino.

1.1.3 Potencial de crecimiento y realización personal

Ser tu propio jefe te brinda la oportunidad de crecer y desarrollarte personalmente de manera significativa. Al asumir la responsabilidad de dirigir tu negocio, te enfrentarás a nuevos desafíos y aprenderás constantemente. A medida que superes obstáculos y alcances metas, experimentarás una sensación de logro y satisfacción que contribuirá a tu crecimiento personal y profesional. Además, el potencial de crecimiento ilimitado y la capacidad de ver tu visión convertida en realidad son aspectos emocionantes del emprendimiento.

1.1.4 Mayor flexibilidad y equilibrio

Ser tu propio jefe puede brindarte una mayor flexibilidad y equilibrio en tu vida. Tienes la libertad de establecer tus propios horarios de trabajo, lo que te permite adaptar tu vida personal y profesional de acuerdo con tus necesidades y prioridades. Esta flexibilidad te permite pasar más tiempo con tu familia y ser más dueño de tu propio tiempo, lo que a su vez contribuye a un mayor equilibrio y bienestar en general.

1.1.5 Potencial financiero y creación de riqueza

El emprendimiento también ofrece el potencial de obtener mayores recompensas financieras y crear riqueza a largo plazo. A diferencia de ser empleado, donde tus ingresos están limitados a un salario fijo, ser tu propio jefe te brinda la oportunidad de establecer tus propios precios, capturar mayores márgenes de ganancia y escalar tu negocio. Si tienes éxito, puedes generar un mayor nivel de ingresos y crear un patrimonio que perdure en el tiempo.

En resumen, ser tu propio jefe ofrece una serie de beneficios y oportunidades emocionantes. La libertad, la posibilidad de seguir tu pasión, el crecimiento personal, la flexibilidad, el potencial financiero y la creación de riqueza son solo algunas de las razones por las cuales muchas personas eligen emprender y convertirse en su propio jefe.

Sin embargo, también es importante reconocer que ser tu propio jefe no está exento de desafíos. El emprendimiento requiere un alto nivel de compromiso, dedicación y perseverancia. Tendrás que asumir responsabilidades adicionales, enfrentar la incertidumbre y tomar decisiones difíciles. No obstante, para aquellos que están dispuestos a enfrentar estos desafíos, ser tu propio jefe puede ser una experiencia gratificante y transformadora.

En el siguiente capítulo, exploraremos cómo prepararte para el camino del emprendimiento, incluyendo cómo evaluar tus habilidades, establecer metas claras y desarrollar un plan estratégico para tu negocio. Además, examinaremos cómo superar los obstáculos mentales y emocionales que puedan surgir en tu viaje emprendedor.

Recuerda, ser tu propio jefe es más que un título o una posición, es un estilo de vida que te brinda la oportunidad de crear algo significativo, alcanzar tu máximo potencial y dejar tu huella en el mundo. Este libro te guiará a lo largo de ese camino, proporcionándote información, consejos y recursos para que puedas dar el salto y convertirte en un emprendedor exitoso.

Estás a punto de embarcarte en un viaje emocionante, lleno de desafíos, pero también de recompensas. Prepárate para descubrir tu potencial, desatar tu creatividad y transformar tus sueños en realidad. ¡Es hora de despertar al emprendedor que llevas dentro y dar los primeros pasos hacia una vida llena de éxito y realización!

1.2 Identificando tu pasión y propósito

En este apartado del capítulo "El despertar del emprendedor", nos sumergiremos en el proceso de identificar tu pasión y propósito, dos elementos fundamentales para construir un negocio significativo y gratificante. Identificar lo que realmente te apasiona y encontrar tu propósito te brindará la claridad y la motivación necesarias para emprender con éxito. A continuación, exploraremos algunos pasos clave para ayudarte en esta búsqueda:

1.2.1 Autoexploración y reflexión

El primer paso para identificar tu pasión y propósito es dedicar tiempo a la autoexploración y la reflexión. Hazte preguntas profundas como: ¿Qué actividades me llenan de energía y entusiasmo? ¿Cuáles son mis talentos y fortalezas naturales? ¿Qué aspectos del mundo me gustaría cambiar o mejorar? Reflexionar sobre tus experiencias pasadas, tus intereses y tus valores te ayudará a descubrir las áreas que te apasionan y a definir tu propósito.

1.2.2 Experimentación y descubrimiento

Una vez que hayas realizado una autoexploración inicial, es importante experimentar y probar diferentes áreas de interés. Prueba nuevas actividades, realiza cursos, participa en proyectos o colabora con otros emprendedores. Esta etapa de experimentación te permitirá descubrir qué actividades te generan mayor satisfacción y cuáles resonan más con tu visión de éxito y contribución al mundo.

1.2.3 Identificación de problemas y necesidades

Un aspecto clave para identificar tu pasión y propósito es identificar los problemas o necesidades existentes en el mundo que te gustaría abordar. Observa tu entorno, investiga las tendencias y escucha a las personas a tu alrededor. Identificar los desafíos y oportunidades te ayudará a conectar tu pasión con una misión más amplia y a diseñar un negocio que tenga un impacto significativo en la vida de los demás.

1.2.4 Integración de pasión y habilidades

Una vez que hayas identificado tu pasión y las necesidades que deseas abordar, es importante evaluar cómo puedes combinar tus habilidades y conocimientos con esta pasión. Reflexiona sobre las habilidades que posees y cómo puedes utilizarlas para generar un valor único en tu negocio. Busca formas de integrar tu pasión con tus talentos naturales, de modo que puedas crear una propuesta de valor auténtica y diferenciadora en el mercado.

1.2.5 Refinamiento y alineación continua

El proceso de identificar tu pasión y propósito no es estático, sino que evoluciona a lo largo del tiempo. Es importante estar abierto a ajustes y refinamientos a medida que adquieres más conocimientos y experiencia. Mantén una actitud de aprendizaje constante y busca oportunidades para crecer y expandir tu visión.

Recuerda que identificar tu pasión y propósito es un proceso personal y único. No hay respuestas correctas o incorrectas, solo descubrimientos individuales que te llevarán a construir un negocio auténtico y gratificante. En el siguiente capítulo, exploraremos cómo convertir tu pasión y propósito en una visión clara y cómo establecer metas que te acerquen a esa visión.

1.3 Superando el miedo al cambio

En este apartado del capítulo "El despertar del emprendedor", abordaremos uno de los desafíos más comunes y significativos que enfrentan aquellos que desean convertirse en emprendedores: el miedo al cambio. El cambio implica abandonar la zona de confort, enfrentar la incertidumbre y aventurarse en lo desconocido. A continuación, exploraremos algunas estrategias efectivas para superar el miedo al cambio y dar paso a una mentalidad de emprendimiento valiente:

1.3.1 Identifica tus miedos y creencias limitantes

El primer paso para superar el miedo al cambio es identificar y reconocer tus miedos y creencias limitantes. Reflexiona sobre cuáles son tus preocupaciones específicas: ¿temes fracasar? ¿te preocupa la inestabilidad financiera? ¿sientes miedo al juicio de los demás? Al comprender tus miedos, podrás abordarlos de manera más efectiva y encontrar formas de superarlos.

1.3.2 Cambia tu perspectiva hacia el cambio

El cambio puede ser visto como una oportunidad para crecer, aprender y expandir tus horizontes. Cambia tu perspectiva y en lugar de enfocarte en los aspectos negativos, visualiza los beneficios y las posibilidades que el cambio puede traer. Considera cómo el emprendimiento te permitirá desarrollar nuevas habilidades, alcanzar metas personales y profesionales, y tener un mayor control sobre tu vida y carrera.

1.3.3 Acepta la incertidumbre como parte del proceso

El miedo al cambio a menudo se origina en el miedo a lo desconocido y a la incertidumbre. Sin embargo, es importante reconocer que la incertidumbre es una parte natural del proceso emprendedor. Acepta que no puedes tener todas las respuestas o garantías desde el principio y abraza la oportunidad de aprender y adaptarte sobre la marcha. El emprendimiento es un viaje de descubrimiento constante y la incertidumbre puede ser un motor para la innovación y el crecimiento.

1.3.4 Busca apoyo y recursos

Enfrentar el miedo al cambio puede ser desafiante, pero no tienes que hacerlo solo. Busca apoyo en personas de confianza, como amigos, familiares o mentores, que puedan brindarte aliento, orientación y perspectivas enriquecedoras. Además, aprovecha los recursos disponibles, como libros, cursos, comunidades en línea o grupos de emprendedores, que pueden brindarte herramientas y conocimientos para enfrentar el cambio con confianza.

1.3.5 Toma acciones pequeñas pero significativas

Superar el miedo al cambio no significa tener que hacerlo todo de una sola vez. Puedes comenzar tomando acciones pequeñas pero significativas hacia tu objetivo de convertirte en emprendedor. Establece metas realistas y alcanzables, y toma pasos progresivos que te permitan ir construyendo confianza y momentum. Con cada paso que des, estarás desafiando tu miedo y demostrándote a ti mismo que eres capaz de enfrentar el cambio.

Recuerda que el miedo al cambio es natural y común, pero no tiene por qué detenerte en tu camino hacia el éxito como emprendedor. Al identificar tus miedos, cambiar tu perspectiva, aceptar la incertidumbre, buscar apoyo y tomar acciones concretas, estarás cultivando una mentalidad valiente y resiliente.

En el siguiente capítulo, nos adentraremos en el proceso de planificación y establecimiento de objetivos. Exploraremos cómo diseñar un plan estratégico, definir metas claras y desarrollar una mentalidad enfocada en el crecimiento y el éxito. Además, abordaremos cómo gestionar los riesgos y superar los obstáculos que puedan surgir en el camino del emprendimiento.

Recuerda, el cambio es inevitable y necesario para alcanzar tus metas y vivir una vida plena y satisfactoria. Al superar el miedo al cambio, estarás abriendo las puertas hacia un futuro emocionante y lleno de posibilidades. Prepárate para dar ese salto audaz y descubrir todo tu potencial como emprendedor.

¡El camino hacia el éxito como emprendedor comienza con el coraje de enfrentar tus miedos y abrazar el cambio!

1.4 Definiendo el éxito en el emprendimiento

En este apartado del capítulo "El despertar del emprendedor", exploraremos la importancia de definir el éxito en el emprendimiento y cómo esta definición personal puede influir en tu camino como emprendedor. Definir el éxito de manera clara y personalizada te permitirá establecer metas significativas, medir tu progreso y encontrar satisfacción en tu viaje emprendedor. A continuación, te presento algunos puntos clave para ayudarte en esta tarea:

1.4.1 Reflexiona sobre tus valores y prioridades

El primer paso para definir el éxito en el emprendimiento es reflexionar sobre tus valores y prioridades personales. ¿Qué es lo más importante para ti en la vida? ¿Cuáles son tus aspiraciones a nivel personal, profesional y emocional? Conecta con tu visión más profunda y considera cómo el emprendimiento puede alinearse con tus valores y ayudarte a lograr tus metas más importantes.

1.4.2 Define tus metas y objetivos

Una vez que hayas reflexionado sobre tus valores, es hora de definir tus metas y objetivos en el emprendimiento. Establece metas claras y específicas que sean relevantes para ti. ¿Deseas alcanzar la independencia financiera? ¿Aspiras a tener un impacto positivo en la sociedad? ¿Buscas la realización personal y la libertad de tiempo? Identifica qué es lo que realmente deseas lograr y establece objetivos que te acerquen a esa visión.

1.4.3 Considera diferentes aspectos del éxito

Es importante ampliar tu definición de éxito más allá de meramente los aspectos financieros. Si bien el éxito financiero puede ser una parte importante de tu visión, también considera otros aspectos, como el crecimiento personal, la satisfacción laboral, la calidad de vida, el equilibrio entre el trabajo y la vida personal, el impacto social o ambiental, entre otros. Define qué significa el éxito integral para ti y cómo deseas experimentarlo en tu trayectoria emprendedora.

1.4.4 Medición y revisión del éxito

Una vez que hayas definido tu visión de éxito y establecidos metas, es crucial tener un sistema de medición y revisión para evaluar tu progreso. Identifica indicadores clave de desempeño que te permitan monitorear tu avance hacia tus objetivos. A medida que avanzas en tu camino emprendedor, es posible que necesites realizar ajustes y revisiones periódicas para asegurarte de que estás en la dirección correcta y alineado con tu definición personal de éxito.

1.4.5 Encuentra satisfacción en el viaje

Recuerda que el éxito no es solo un destino final, sino también un viaje continuo. Aprende a encontrar satisfacción y gratitud en cada etapa del proceso emprendedor. Celebra tus logros, aprende de tus desafíos y cultiva una mentalidad de crecimiento y aprendizaje constante. El éxito no se limita a resultados específicos, sino también a la experiencia y el aprendizaje que obtienes en el camino.

Al definir el éxito de manera personalizada, te estarás empoderando para crear una experiencia emprendedora significativa y alineada con tus valores y metas. En el próximo capítulo, exploraremos cómo convertir tu visión y metas enun plan estratégico concreto. Veremos cómo diseñar una estrategia efectiva, establecer objetivos SMART (específicos, medibles, alcanzables, relevantes y con límite de tiempo) y desarrollar un plan de acción para llevar a cabo tus metas emprendedoras.

Recuerda que el éxito en el emprendimiento es único para cada persona. No te compares con otros ni te limites a las expectativas impuestas por la sociedad. Define tu propio camino y persigue aquello que te inspire y motive. El emprendimiento es un viaje desafiante pero gratificante, y al definir tu propio éxito, estarás construyendo una base sólida para alcanzarlo.

¡Prepárate para el capítulo siguiente, donde exploraremos las estrategias y herramientas para convertir tu visión en acción y hacer realidad tus sueños emprendedores!

Capítulo 2: Preparándote para emprender

En el capítulo anterior, exploramos el despertar del emprendedor y cómo superar el miedo al cambio. Ahora, nos adentraremos en el segundo capítulo: "Preparándote para emprender". Este capítulo se centra en los aspectos prácticos y fundamentales que debes considerar antes de lanzarte de lleno al mundo del emprendimiento. Desde la adquisición de conocimientos y habilidades clave hasta la creación de una mentalidad emprendedora, te brindaremos las herramientas necesarias para prepararte adecuadamente y aumentar tus posibilidades de éxito en tu trayectoria emprendedora.

2.1 Adquiriendo conocimientos y habilidades emprendedoras:

En este apartado, exploraremos la importancia de adquirir conocimientos y habilidades específicas para emprender. Identificaremos las áreas de conocimiento clave, como la gestión empresarial, el marketing, las finanzas y la planificación estratégica. Además, destacaremos la importancia del aprendizaje continuo y la búsqueda de recursos educativos, como libros, cursos en línea, mentorías y eventos relacionados con el emprendimiento. Obtener una base sólida de conocimientos y habilidades te permitirá tomar decisiones informadas y gestionar eficazmente tu negocio.

2.2 Desarrollando una mentalidad emprendedora:

Ser emprendedor requiere una mentalidad especializada y una serie de rasgos y características específicas. En este apartado, exploraremos cómo desarrollar una mentalidad emprendedora sólida. Hablaremos sobre la importancia de la resiliencia, la pasión, la creatividad, la persistencia y la capacidad de asumir riesgos calculados. Además, abordaremos la gestión del estrés y la superación de los desafíos emocionales asociados con el emprendimiento. Una mentalidad emprendedora sólida te ayudará a enfrentar los altibajos del camino y mantener tu motivación y enfoque.

2.3 Construyendo una red de apoyo:

El emprendimiento puede ser un viaje solitario, pero rodearte de una red de apoyo sólida puede marcar la diferencia en tu éxito. En este apartado, exploraremos cómo construir una red de apoyo efectiva. Hablaremos sobre la importancia de establecer conexiones con otros emprendedores, mentores y expertos en el campo. También discutiremos cómo participar en comunidades empresariales y aprovechar las oportunidades de networking. Tu red de apoyo te brindará orientación, motivación y posibles colaboraciones, además de proporcionarte un entorno de apoyo durante los desafíos que puedas enfrentar.

2.4 Preparando tus recursos:

Antes de emprender, es fundamental evaluar y preparar tus recursos. En este apartado, abordaremos la importancia de la planificación financiera, la identificación de fuentes de financiamiento, la gestión del tiempo y la optimización de tus habilidades y recursos existentes. También discutiremos la importancia de establecer un presupuesto, definir tus objetivos financieros y asegurarte de contar con los recursos necesarios para respaldar tu negocio durante los primeros meses o años.

2.5 Definiendo tu propuesta de valor única:

Finalmente, exploraremos cómo definir tu propuesta de valor única y diferenciarte en el mercado. En este apartado, te ayudaremos a identificar y comunicar claramente cuál es el valor único que tu negocio ofrece a tus clientes o usuarios. Analizaremos tus fortalezas, tus conocimientos especializados, tus habilidades únicas y cómo puedes utilizarlos para destacarte en un mercado competitivo. Además, te guiaremos en la creación de una propuesta de valor sólida y convincente, que te permita captar la atención de tu audiencia y generar interés en tus productos o servicios.

2.1 Evaluando tus habilidades y conocimientos

Antes de embarcarte en el mundo del emprendimiento, es importante realizar una evaluación honesta de tus habilidades y conocimientos actuales. Esta evaluación te permitirá identificar tus fortalezas y áreas de mejora, y te ayudará a tomar decisiones informadas sobre cómo aprovechar al máximo tus habilidades existentes y qué áreas necesitas desarrollar o adquirir.

2.2 Desarrollando una mentalidad emprendedora

Una mentalidad emprendedora sólida es clave para el éxito en el mundo del emprendimiento. Es más que simplemente tener una idea o deseo de ser tu propio jefe; implica adoptar una forma de pensar y actuar que te permita enfrentar los desafíos, tomar decisiones informadas y aprovechar las oportunidades que se presenten en tu camino. En este apartado, exploraremos cómo desarrollar una mentalidad emprendedora fuerte y resiliente.

1. Cultiva la pasión y la motivación:

La pasión es el combustible que impulsa a los emprendedores a superar obstáculos y perseverar en momentos difíciles. Identifica aquello que te apasiona y te motiva, y alinea tus esfuerzos emprendedores con esa pasión. Mantén tu visión clara y recuerda constantemente por qué has decidido emprender. La pasión y la motivación te brindarán la energía necesaria para enfrentar los desafíos y seguir adelante cuando las cosas se pongan difíciles.

2. Acepta el fracaso como parte del proceso:

El emprendimiento está lleno de altibajos y obstáculos, y el fracaso puede ser una parte inevitable del camino. Sin embargo, una mentalidad emprendedora sólida te permite ver el fracaso como una oportunidad de aprendizaje y crecimiento. Aprende a enfrentar los fracasos con resiliencia y determinación. Analiza lo ocurrido, extrae lecciones valiosas y utiliza esa información para mejorar y ajustar tu enfoque. Recuerda que cada fracaso te acerca más al éxito si aprendes de él.

3. Fomenta la creatividad y la innovación:

La mentalidad emprendedora requiere que pienses de forma creativa e innovadora. Busca nuevas soluciones, desafía las convenciones y encuentra formas únicas de abordar los problemas y satisfacer las necesidades del mercado. Cultiva la curiosidad, mantente abierto a nuevas ideas y perspectivas, y fomenta la capacidad de pensar de manera no convencional. La creatividad y la innovación te permitirán destacarte y encontrar oportunidades únicas en el mercado.

4. Adopta una mentalidad de aprendizaje continuo:

El aprendizaje no termina cuando comienzas tu emprendimiento. Una mentalidad emprendedora sólida implica un compromiso constante con el crecimiento y el desarrollo personal y profesional. Mantente actualizado en tu campo, busca oportunidades de aprendizaje, lee libros relevantes, asiste a conferencias y seminarios, y mantén contacto con otros emprendedores y profesionales de tu industria. La sed de conocimiento te ayudará a mantenerte a la vanguardia y a adaptarte a un entorno empresarial en constante cambio.

5. Toma riesgos calculados:

El emprendimiento implica asumir riesgos, pero una mentalidad emprendedora sólida implica tomar riesgos calculados. Evalúa cuidadosamente las opciones, considera los posibles resultados y toma decisiones informadas basadas en datos y análisis. Aprende a manejar la incertidumbre y la ambigüedad, y no te dejes paralizar por el miedo al fracaso. Toma acción y atrévete a salir de tu zona.

2.3 Estableciendo metas y objetivos claros

En el camino hacia el emprendimiento, es esencial tener metas y objetivos claros que te guíen y te mantengan enfocado en lo que deseas lograr. Establecer metas te brinda dirección y te ayuda a medir tu progreso a lo largo del tiempo. En este apartado, exploraremos cómo establecer metas efectivas y cómo convertirlas en acciones concretas.

1. Define tu visión y propósito:

Antes de establecer metas específicas, es importante tener claridad sobre tu visión y propósito como emprendedor. ¿Qué quieres lograr a largo plazo? ¿Cuál es la razón detrás de tu emprendimiento? Definir tu visión te ayudará a establecer metas que estén alineadas con tus valores y deseos más profundos.

2. Establece metas SMART:

Las metas SMART son aquellas que son específicas, medibles, alcanzables, relevantes y con un tiempo definido. Al aplicar este enfoque, asegúrate de que tus metas sean lo suficientemente claras y específicas para que puedas medir tu progreso y evaluar si las has logrado. Establece plazos realistas y considera los recursos necesarios para alcanzar tus metas.

3. Divide las metas en objetivos más pequeños:

Las metas a largo plazo pueden parecer abrumadoras si no se dividen en objetivos más pequeños y alcanzables. Desglosa tus metas principales en pasos más manejables y establece objetivos a corto y mediano plazo. Esto te permitirá dar seguimiento a tu progreso de manera más efectiva y te mantendrá motivado al ir alcanzando hitos intermedios.

4. Prioriza tus metas:

Es posible que tengas varias metas en mente, pero es importante priorizarlas para evitar dispersarte. Evalúa cuáles son las metas más relevantes y significativas para ti en este momento y en función de tus circunstancias actuales. Priorizar te ayudará a enfocar tus esfuerzos y recursos en lo que realmente importa, y te permitirá avanzar de manera más eficiente.

5. Crea un plan de acción:

Una vez que hayas establecido tus metas, es fundamental desarrollar un plan de acción claro y detallado. Identifica las acciones específicas que debes realizar para alcanzar cada una de tus metas y asigna plazos realistas para completarlas. Desglosa las tareas en pasos más pequeños y asigna responsabilidades si es necesario. Un plan de acción bien estructurado te ayudará a mantener el enfoque y a dar seguimiento a tu progreso.

6. Evalúa y ajusta tus metas:

A medida que avanzas en tu camino emprendedor, es importante evaluar y ajustar tus metas según sea necesario. Revisa regularmente tu plan de acción y realiza ajustes si es necesario. El entorno empresarial puede cambiar rápidamente, y es importante ser flexible y adaptarse a las circunstancias en evolución.

Recuerda que establecer metas claras y efectivas es un componente clave para el éxito en el emprendimiento. Estas metas te proporcionarán una guía clara y te ayudarán a mantener la motivación y el enfoque a medida que avanzas en tu camino emprendedor.

2.4 Construyendo una red de apoyo

El emprendimiento puede ser un camino solitario, pero construir una red de apoyo sólida puede marcar la diferencia en tu éxito como emprendedor. Tener personas a tu alrededor que te brinden apoyo, orientación y colaboración puede ser invaluable en cada etapa de tu trayectoria emprendedora. En este apartado, exploraremos la importancia de construir una red de apoyo y cómo hacerlo de manera efectiva.

1. Identifica tus necesidades de apoyo:

Comienza por identificar las áreas en las que necesitas apoyo. Esto puede incluir aspectos emocionales, conocimientos específicos, habilidades técnicas o conexiones en la industria. Al comprender tus necesidades, podrás buscar personas que puedan satisfacerlas y contribuir a tu crecimiento como emprendedor.

2. Busca mentores:

Los mentores desempeñan un papel fundamental en el desarrollo y crecimiento de los emprendedores. Busca personas con experiencia y conocimientos en tu campo de interés, y establece una relación de mentoría. Los mentores pueden brindarte orientación, compartir su experiencia, proporcionarte retroalimentación constructiva y ayudarte a evitar errores comunes en el camino.

3. Únete a grupos y comunidades empresariales:

Participar en grupos y comunidades empresariales te permite conectarte con otros emprendedores que comparten intereses similares. Busca organizaciones locales o en línea donde puedas interactuar con otros emprendedores, asistir a eventos, participar en discusiones y establecer contactos valiosos. Estos grupos pueden proporcionarte un entorno de apoyo y colaboración, así como la oportunidad de aprender de las experiencias de otros.

4. Construye relaciones con colegas y socios potenciales:

Identifica a otros emprendedores o profesionales en tu industria y construye relaciones sólidas con ellos. Establecer conexiones significativas te permite intercambiar ideas, compartir recursos, colaborar en proyectos y ampliar tus oportunidades de negocio. Busca oportunidades para trabajar en conjunto y aprovecha las sinergias que pueden surgir de esas colaboraciones.

5. Encuentra apoyo emocional:

El camino del emprendimiento puede ser desafiante y emocionalmente exigente. Es importante tener personas en tu red de apoyo que te brinden apoyo emocional y te ayuden a mantener una mentalidad positiva. Esto puede incluir amigos, familiares o incluso otros emprendedores que comprendan los desafíos que enfrentas. Compartir tus experiencias, desahogarte y recibir aliento de personas que se preocupan por ti puede marcar una gran diferencia en tu bienestar y motivación.

6. Participa en eventos y conferencias:

Asiste a eventos y conferencias relacionados con tu industria para ampliar tu red de contactos y aprender de expertos en el campo del emprendimiento. Estos eventos te brindan la oportunidad de establecer nuevas conexiones, obtener información valiosa y rodearte de personas apasionadas y motivadas que pueden inspirarte y apoyarte en tu viaje emprendedor.

Recuerda que una red de apoyo sólida puede proporcionarte recursos, conocimientos y perspectivas adicionales que te ayudarán a superar obstáculos y aprovechar oportunidades. Cultivar relaciones significativas y mutuamente beneficiosas es un elemento clave para el crecimiento y el éxito.

Capítulo 3: Descubriendo oportunidades

En el camino del emprendimiento, identificar oportunidades es fundamental para el éxito de tu negocio. En este capítulo, exploraremos estrategias y enfoques para descubrir oportunidades prometedoras y evaluar su viabilidad.

3.1 Observa las tendencias y necesidades del mercado:

Estar atento a las tendencias y necesidades del mercado es crucial para descubrir oportunidades emprendedoras. Observa los cambios en el comportamiento del consumidor, las nuevas tecnologías, las demandas insatisfechas y las áreas en crecimiento dentro de tu industria. Estar informado te permitirá identificar oportunidades emergentes y adaptar tus productos o servicios en consecuencia.

3.2 Realiza investigación de mercado:

La investigación de mercado es una herramienta poderosa para descubrir oportunidades y comprender mejor a tus clientes potenciales. Realiza encuestas, entrevistas y análisis de datos para recopilar información sobre las necesidades, preferencias y deseos de tu mercado objetivo. Esta investigación te brindará información valiosa sobre cómo puedes satisfacer esas necesidades de manera única y competitiva.

3.3 Analiza la competencia:

Estudiar a tu competencia te brindará información valiosa sobre las oportunidades existentes en el mercado. Analiza qué están ofreciendo, cómo se posicionan y qué necesidades no están siendo atendidas por completo. Identifica las brechas en el mercado y encuentra formas de diferenciarte y ofrecer propuestas de valor únicas.

3.4 Escucha a tus clientes:

Tus clientes actuales y potenciales son una fuente invaluable de información sobre oportunidades. Realiza encuestas, organiza sesiones de retroalimentación o simplemente mantén conversaciones abiertas con ellos. Escucha sus necesidades, comentarios y sugerencias. Esto te ayudará a adaptar tus productos o servicios para satisfacer mejor sus expectativas y descubrir nuevas oportunidades de negocio.

3.5 Fomenta la creatividad y la innovación:

La creatividad y la innovación son fundamentales para descubrir oportunidades únicas y disruptivas. Fomenta un entorno que promueva la generación de ideas, tanto en ti como en tu equipo. Anima a explorar nuevas formas de abordar los problemas y buscar soluciones innovadoras. La capacidad de pensar de manera creativa te permitirá descubrir oportunidades ocultas y diferenciarte en el mercado.

3.6 Evalúa tus fortalezas y recursos:

Conocer tus propias fortalezas y recursos te ayudará a identificar las oportunidades en las que puedes destacar.

Evalúa tus habilidades, conocimientos y recursos disponibles, y busca oportunidades que se alineen con ellos. Esto te permitirá aprovechar tus ventajas competitivas y tener una base sólida para aprovechar las oportunidades que descubras.

Recuerda que descubrir oportunidades no se trata solo de tener ideas brillantes, sino también de tener una comprensión profunda del mercado, los clientes y tus propias capacidades. Mantente abierto a nuevas perspectivas, mantén una mentalidad de aprendizaje continuo y sé proactivo al explorar diferentes fuentes de información y conexión con el entorno empresarial. La capacidad de descubrir oportunidades te permitirá tomar decisiones informadas y aprovechar al máximo tu viaje emprendedor.

3.1 Identificando nichos y tendencias de mercado

Para tener éxito como emprendedor, es importante identificar nichos de mercado y estar al tanto de las tendencias emergentes. Al enfocarte en un nicho específico y seguir las tendencias relevantes, podrás aprovechar oportunidades únicas y destacarte en un mercado competitivo. En esta sección, exploraremos estrategias para identificar nichos y tendencias de mercado de manera efectiva.

1. Analiza tus pasiones y habilidades:

Comienza por reflexionar sobre tus propias pasiones, intereses y habilidades. ¿En qué áreas tienes experiencia o conocimientos sólidos? Identificar tus fortalezas te permitirá buscar nichos que se alineen con tus capacidades y te resulten atractivos. Al enfocarte en un nicho que te apasione, estarás más motivado para investigar y desarrollar soluciones innovadoras.

2. Investiga los problemas y necesidades del mercado:

Observa los problemas y necesidades no resueltas dentro de tu industria o mercado objetivo. Realiza una investigación exhaustiva para comprender las frustraciones o desafíos que enfrentan los consumidores. Examina las discusiones en línea, las reseñas de productos y los comentarios de los clientes para identificar las brechas en el mercado. Al abordar una necesidad específica y resolver un problema real, puedes encontrar un nicho de mercado rentable.

3. Observa a la competencia:

Analiza a tu competencia y examina qué áreas o segmentos del mercado están cubriendo y qué áreas están descuidando. Identifica los nichos que están desatendidos o que no están siendo atendidos de manera óptima. Pregúntate cómo puedes diferenciarte y ofrecer un valor único en esos espacios. La comprensión de la competencia te brindará información valiosa para encontrar oportunidades de nicho.

4. Utiliza herramientas de investigación de mercado:

Emplea herramientas y recursos disponibles para investigar y analizar el mercado. Utiliza herramientas de palabras clave y análisis de tendencias para identificar palabras clave relevantes y ver el volumen de búsqueda relacionado. Examina los informes de la industria y los estudios de mercado para comprender las tendencias actuales y futuras. Estas herramientas te proporcionarán datos cuantitativos y cualitativos sobre el mercado y te ayudarán a descubrir nichos emergentes.

5. Mantente actualizado con las tendencias:

Sigue de cerca las tendencias emergentes en tu industria. Lee publicaciones especializadas, blogs, revistas y libros relevantes. Sigue a líderes de opinión y expertos en las redes sociales. Asiste a conferencias y eventos relacionados con tu sector. Mantenerte actualizado te permitirá identificar oportunidades tempranas y adaptar tus productos o servicios a las tendencias cambiantes.

6. Escucha a tu público objetivo:

Interactúa con tu público objetivo, ya sea a través de encuestas, entrevistas o redes sociales. Escucha sus opiniones, inquietudes y necesidades. Identifica patrones y demandas emergentes en sus respuestas. Estar en sintonía con tu audiencia te ayudará a descubrir oportunidades de nicho y adaptar tu oferta para satisfacer sus necesidades específicas.

Recuerda que identificar nichos y tendencias de mercado requiere investigación, análisis y un enfoque estratégico.

No temas explorar áreas no convencionales y pensar fuera de lo común. Al identificar nichos de mercado y seguir las tendencias emergentes, podrás encontrar oportunidades que otros pasan por alto. Estar dispuesto a probar cosas nuevas y ser innovador te permitirá destacarte en un mercado saturado.

Una vez que hayas identificado un nicho o una tendencia prometedora, es importante investigar a fondo. Examina las necesidades y deseos de ese segmento de mercado, comprende su comportamiento de compra y determina si hay suficiente demanda para respaldar tu negocio. Realiza estudios de mercado específicos y analiza los datos recopilados para tomar decisiones informadas sobre la viabilidad y el potencial de éxito.

Además, no olvides considerar la competencia en el nicho identificado. Evalúa quiénes son tus competidores directos e indirectos, qué están ofreciendo y cómo puedes diferenciarte. Identifica los vacíos en el mercado que aún no han sido satisfechos y busca formas creativas de llenarlos.

Una vez que hayas identificado y evaluado un nicho o una tendencia de mercado, es hora de desarrollar una estrategia sólida para ingresar y posicionarte en ese espacio. Define claramente tu propuesta de valor única, adapta tus productos o servicios para satisfacer las necesidades específicas del nicho y comunica de manera efectiva los beneficios que ofreces.

Recuerda que identificar nichos y tendencias de mercado es un proceso continuo. Mantente atento a los cambios en la industria, las nuevas tecnologías y las demandas cambiantes de los consumidores. Mantén una mentalidad abierta, sé flexible y dispuesto a ajustar tu enfoque a medida que evoluciona el mercado.

Al identificar nichos y seguir las tendencias, estarás en una posición favorable para capitalizar las oportunidades, llegar a un público objetivo altamente segmentado y construir una base sólida para el crecimiento y el éxito de tu negocio emprendedor.

3.2 Realizando una investigación de mercado efectiva

La investigación de mercado es una herramienta fundamental para comprender a tus clientes, identificar oportunidades y tomar decisiones informadas en tu negocio emprendedor. En esta sección, exploraremos cómo realizar una investigación de mercado efectiva para obtener información valiosa y relevante.

1. Define tus objetivos de investigación:

Antes de comenzar cualquier investigación de mercado, es importante tener claridad sobre tus objetivos. ¿Qué información específica estás buscando? ¿Quieres comprender mejor a tu audiencia objetivo, evaluar la demanda de un producto o servicio, o conocer las preferencias de los consumidores? Definir tus objetivos te ayudará a enfocar tu investigación y obtener resultados concretos.

2. Determine el tipo de investigación:

Existen varios enfoques para realizar una investigación de mercado. Puedes optar por métodos cualitativos, como entrevistas en profundidad o grupos focales, que te permiten obtener una comprensión profunda de las opiniones y actitudes de tus clientes. También puedes utilizar métodos cuantitativos, como encuestas o análisis de datos, para recopilar información estadística y obtener una visión más amplia del mercado. Elige el enfoque adecuado según tus objetivos y recursos disponibles.

3. Identifica tu mercado objetivo:

Antes de iniciar la investigación, debes identificar claramente a tu mercado objetivo. ¿Quiénes son tus clientes ideales? ¿Cuáles son sus características demográficas, comportamientos de compra y necesidades? Esto te ayudará a dirigir tus esfuerzos de investigación hacia el grupo de personas adecuado y obtener información relevante para tu negocio.

4. Utiliza múltiples fuentes de datos:

Para obtener una visión completa del mercado, es importante utilizar múltiples fuentes de datos. Estas pueden incluir datos secundarios, como informes de la industria, estudios de mercado y estadísticas gubernamentales. También puedes recopilar datos primarios a través de encuestas, entrevistas, análisis de redes sociales o análisis de datos de ventas. Al combinar diferentes fuentes, podrás obtener una perspectiva más amplia y precisa.

5. Diseña cuestionarios y guías de entrevistas:

Si optas por realizar encuestas o entrevistas, es crucial diseñar cuestionarios o guías de entrevistas bien estructurados. Asegúrate de incluir preguntas relevantes y claras que te brinden la información que necesitas. Evita preguntas ambiguas o sesgadas que puedan influir en las respuestas de los participantes. También considera el tiempo de respuesta y la facilidad de comprensión para obtener tasas de participación más altas.

6. Recopila y analiza los datos:

Una vez que hayas recopilado los datos, es hora de analizarlos. Utiliza herramientas y técnicas estadísticas para identificar patrones, tendencias y relaciones entre los datos. Esto te permitirá obtener información accionable y respaldar tus decisiones de negocio. Organiza los datos de manera clara y visual, utilizando gráficos, tablas o diagramas que faciliten la interpretación.

7. Toma decisiones basadas en los resultados:

Utiliza los resultados de tu investigación para tomar decisiones informadas en tu negocio emprendedor. Identifica oportunidades, ajusta tu estrategia de marketing, mejora tus productos o servicios, o realiza cambios en tu enfoque comercial según lo que hayas descubierto. Los datos recopilados a través de una investigación de mercado efectiva te brindarán una comprensión profunda de tu mercado objetivo, sus necesidades y preferencias, así como una visión de la competencia y las tendencias del mercado.

Recuerda que la investigación de mercado no se trata solo de recopilar datos, sino de interpretarlos correctamente y tomar medidas basadas en ellos. Utiliza los hallazgos para ajustar tu estrategia empresarial, mejorar tus productos o servicios, y encontrar formas de diferenciarte en el mercado. La investigación de mercado es un proceso continuo, por lo que es importante estar atento a los cambios y evoluciones en tu industria para mantener tu negocio actualizado y competitivo.

Realizar una investigación de mercado efectiva requiere tiempo, esfuerzo y dedicación, pero los beneficios que obtendrás son invaluables. Te ayudará a comprender a tus clientes de manera más profunda, tomar decisiones más informadas y maximizar tus oportunidades de éxito como emprendedor.

Recuerda, en el competitivo mundo del emprendimiento, aquellos que se mantienen actualizados y adaptan sus estrategias en función de la información y las necesidades del mercado tienen mayores posibilidades de triunfar. La investigación de mercado es una poderosa herramienta que te guiará en el camino hacia el éxito emprendedor.

3.4 Evaluando la viabilidad de tu idea de negocio

Antes de embarcarte en el camino del emprendimiento, es esencial evaluar la viabilidad de tu idea de negocio. En esta sección, exploraremos cómo llevar a cabo una evaluación exhaustiva para determinar si tu idea tiene el potencial de ser exitosa y sostenible en el mercado.

1. Análisis del mercado:

Comienza evaluando el mercado en el que planeas incursionar. Investiga la demanda existente, las tendencias del mercado, el tamaño del mercado objetivo y el potencial de crecimiento. Examina a tus competidores directos e indirectos, identifica qué están ofreciendo y cómo puedes diferenciarte. Evalúa si existe un nicho sin explotar o una oportunidad de mejora en el mercado que puedas aprovechar.

2. Estudio de viabilidad financiera:

Realiza un análisis financiero detallado para determinar la viabilidad económica de tu idea de negocio. Estima los costos iniciales y recurrentes, como la inversión en equipo, alquiler de local, salarios, suministros y marketing. Calcula los ingresos esperados y el margen de beneficio proyectado. Asegúrate de tener en cuenta el tiempo necesario para alcanzar el punto de equilibrio y generar ganancias. Si los números indican que tu negocio puede ser rentable, es un buen indicador de viabilidad.

3. Conoce a tu público objetivo:

Comprender a tu público objetivo es esencial para evaluar la viabilidad de tu idea. Investiga las necesidades, deseos, comportamientos de compra y preferencias de tu público objetivo. Examina si tu producto o servicio realmente satisface una necesidad o resuelve un problema existente en su vida. Si existe un mercado dispuesto a pagar por lo que ofreces, es una señal positiva de viabilidad.

4. Análisis FODA:

Realiza un análisis FODA (Fortalezas, Oportunidades, Debilidades y Amenazas) para evaluar la posición de tu idea de negocio. Identifica las fortalezas internas, como habilidades únicas, conocimientos especializados o recursos disponibles. Analiza las oportunidades externas, como tendencias favorables del mercado o cambios regulatorios. Reconoce las debilidades y amenazas potenciales, como la falta de experiencia o la competencia fuerte. Este análisis te ayudará a comprender los desafíos y las áreas en las que debes trabajar para aumentar la viabilidad.

5. Validación del concepto:

Realiza pruebas y validaciones del concepto de tu idea de negocio antes de lanzarte por completo. Puedes utilizar encuestas, entrevistas, grupos focales o prototipos para obtener retroalimentación de clientes potenciales y expertos de la industria. Escucha atentamente sus comentarios y realiza los ajustes necesarios en tu propuesta. La validación temprana te brindará una mayor confianza en la viabilidad de tu idea antes de invertir más recursos.

6. Evaluación de tus capacidades:

Considera tus habilidades, conocimientos y experiencia para evaluar la viabilidad de tu idea. Reflexiona sobre si tienes las capacidades necesarias para desarrollar y gestionar con éxito el negocio. Si identificas lagunas en tus habilidades, piensa en cómo puedes cerrar esas brechas a través de la formación, la contratación de personal clave o la colaboración con expertos externos.

7. Análisis de riesgos:

Identifica y evalúa los posibles riesgos asociados con tu idea de negocio. Considera factores como la competencia intensa, cambios en la economía, barreras de entrada, requisitos regulatorios y posibles obstáculos operativos. Desarrolla estrategias para mitigar y superar estos riesgos, lo que aumentará la viabilidad a largo plazo de tu empresa.

8. Retroalimentación de expertos:

Busca la opinión de expertos en el campo empresarial o en tu industria específica. Pueden brindarte una perspectiva objetiva y compartir conocimientos y experiencia que pueden ayudarte a evaluar la viabilidad de tu idea. Aprovecha su retroalimentación para realizar ajustes o mejoras antes de lanzar tu negocio.

Recuerda que la evaluación de viabilidad de tu idea de negocio es un proceso continuo. A medida que obtengas más información, feedback y aprendas de la experiencia, es posible que necesites ajustar y adaptar tu enfoque.

Mantente flexible y dispuesto a realizar cambios cuando sea necesario.

La evaluación de viabilidad te brindará una base sólida para tomar decisiones informadas sobre si debes avanzar con tu idea de negocio o si es necesario realizar ajustes significativos. Si los resultados indican que tu idea es viable, estarás un paso más cerca de convertirte en un emprendedor exitoso. Si surgen desafíos o problemas insuperables durante la evaluación, es posible que debas reconsiderar tu enfoque o explorar nuevas oportunidades.

Recuerda que la viabilidad de tu idea de negocio es solo el comienzo. La implementación exitosa y la gestión efectiva de tu empresa requerirán esfuerzo, dedicación y un enfoque constante en la mejora continua. ¡Estás en camino de convertirte en un emprendedor exitoso!

Capítulo 4: Planificando tu camino al éxito

El camino hacia el éxito como emprendedor no sucede por casualidad. Requiere una planificación cuidadosa, una estrategia sólida y una ejecución efectiva. En este capítulo, exploraremos cómo puedes planificar tu camino al éxito y establecer las bases para el crecimiento y desarrollo de tu negocio.

4.1 Estableciendo metas claras y alcanzables:

El primer paso para planificar tu camino al éxito es establecer metas claras y alcanzables. Define qué es lo que deseas lograr con tu negocio a corto, mediano y largo plazo. Tus metas deben ser específicas, medibles, alcanzables, relevantes y con un tiempo definido (metas SMART). Esto te proporcionará una guía clara y te ayudará a mantener el enfoque en tus objetivos principales.

4.2 Creando un plan de negocios integral:

El plan de negocios es una herramienta esencial para planificar tu camino al éxito. Debe incluir una descripción detallada de tu empresa, tu propuesta de valor, análisis de mercado, estrategias de marketing y ventas, estructura organizativa, proyecciones financieras y cualquier otro elemento relevante para tu negocio. Un plan de negocios bien elaborado te ayudará a visualizar y organizar tus ideas, identificar posibles obstáculos y establecer un marco claro para el crecimiento de tu empresa.

4.3 Identificando recursos y requisitos:

Evalúa los recursos y requisitos necesarios para llevar a cabo tu plan de negocios. Esto puede incluir aspectos como capital inicial, personal, equipos, tecnología, licencias y permisos, entre otros. Determina qué recursos ya tienes disponibles y qué necesitas adquirir o asegurar. Identifica también posibles fuentes de financiamiento, como préstamos, inversores o programas de apoyo empresarial, y desarrolla un plan para garantizar los recursos necesarios para impulsar tu negocio.

4.4 Definiendo tu estrategia de marketing:

Una estrategia de marketing sólida es esencial para alcanzar el éxito en tu negocio. Define tu mercado objetivo, identifica los canales de comunicación más efectivos para llegar a ellos y desarrolla tácticas específicas para promocionar tus productos o servicios. Considera también estrategias de branding y posicionamiento, así como la forma en que te diferenciarás de la competencia. Tu estrategia de marketing debe ser coherente con tus metas y atraer a tus clientes ideales.

4.5 Estableciendo métricas de éxito:

Es importante establecer métricas y KPIs (indicadores clave de rendimiento) para medir el éxito y el progreso de tu negocio. Estas métricas pueden incluir ventas, crecimiento de clientes, rentabilidad, tasa de conversión, satisfacción del cliente, entre otros. Establece objetivos cuantificables en relación con estas métricas y realiza un seguimiento regular para evaluar tu desempeño. Esto te permitirá identificar áreas de mejora, tomar decisiones basadas en datos y ajustar tu estrategia según sea necesario.

4.6 Desarrollando un plan de acción:

Una vez que hayas establecido tus metas, estrategias y métricas, es hora de desarrollar un plan de acción detallado. Divide tus metas en objetivos más pequeños y crea un cronograma para su log ro. Identifica las tareas y actividades específicas que necesitas realizar para alcanzar cada objetivo y asigna responsabilidades claras a los miembros de tu equipo, si los tienes. Establece fechas límite realistas y monitorea el progreso de manera regular. Un plan de acción bien estructurado te ayudará a mantener el enfoque y a dar seguimiento a tus actividades clave.

4.7 Adaptándote y ajustando tu plan:

Recuerda que el camino hacia el éxito empresarial no siempre es lineal y puede requerir ajustes a lo largo del tiempo. Mantente abierto a la posibilidad de cambios y adaptaciones a medida que obtengas feedback y te enfrentes a nuevos desafíos. Revisa y actualiza tu plan regularmente para reflejar los cambios en el mercado, las necesidades de los clientes y las condiciones internas de tu empresa. La flexibilidad y la capacidad de ajustar tu plan son fundamentales para el éxito a largo plazo.

4.8 Buscando apoyo y asesoramiento:

No tengas miedo de buscar apoyo y asesoramiento externo a lo largo de tu camino empresarial. Puedes buscar mentores, unirte a redes de emprendedores, asistir a eventos y capacitaciones relevantes, y aprovechar recursos y programas de apoyo empresarial. La experiencia y los consejos de personas que han recorrido un camino similar pueden ser invaluables para ayudarte a tomar decisiones informadas y evitar errores costosos.

Recuerda que la planificación es una herramienta poderosa, pero no es suficiente por sí sola. La ejecución efectiva de tu plan es igualmente importante. Comprométete con tu plan, mantén la disciplina y trabaja arduamente para lograr tus metas. El éxito como emprendedor requiere perseverancia, pasión y una mentalidad orientada a la acción.

En este capítulo, hemos establecido los fundamentos para planificar tu camino al éxito. Ahora es el momento de tomar acción y seguir avanzando hacia tus metas empresariales. Con una planificación cuidadosa, una estrategia sólida y una ejecución diligente, estarás en el camino correcto para lograr el éxito en tu empresa. ¡No te detengas, continúa el viaje hacia tu éxito emprendedor!

4.1 Creando un plan de negocios estratégico

Un plan de negocios estratégico es un componente fundamental para el éxito de cualquier emprendedor. Proporciona una hoja de ruta detallada de cómo planeas alcanzar tus metas comerciales y establecer una ventaja competitiva en el mercado. En esta sección, exploraremos los elementos clave para crear un plan de negocios estratégico efectivo.

1. Resumen ejecutivo:

El resumen ejecutivo es la sección inicial de tu plan de negocios y resume de manera concisa los aspectos más importantes de tu empresa. Debe proporcionar una visión general de tu idea de negocio, tu propuesta de valor única, los objetivos clave y los aspectos destacados del plan estratégico. Aunque se encuentra al principio del documento, es recomendable escribirlo después de haber desarrollado los demás elementos del plan.

2. Descripción de la empresa:

En esta sección, brinda una descripción detallada de tu empresa. Explica su naturaleza, misión, visión y valores fundamentales. También puedes mencionar la historia de la empresa, su estructura legal, ubicación, recursos humanos y cualquier otro detalle relevante. Describe cómo tu empresa se posiciona en el mercado y cómo planeas diferenciarte de la competencia.

3. Análisis del mercado:

Realiza un análisis exhaustivo del mercado en el que operas. Examina el tamaño del mercado, las tendencias actuales y futuras, los segmentos de clientes, las necesidades y deseos de los consumidores, así como la competencia existente. Identifica oportunidades y desafíos en el mercado y explica cómo planeas aprovechar las oportunidades y superar los desafíos.

4. Propuesta de valor:

Describe claramente tu propuesta de valor, es decir, cómo tu producto o servicio resuelve un problema o satisface una necesidad específica de los clientes. Explica cuál es tu ventaja competitiva y qué te hace único en comparación con otros en el mercado. Destaca los beneficios que tus clientes obtendrán al elegir tu oferta y cómo se diferencia de las alternativas disponibles.

5. Estrategias de mercado y ventas:

En esta sección, establece las estrategias que utilizarás para promocionar y vender tus productos o servicios. Define tu mercado objetivo y describe las tácticas de marketing que utilizarás para llegar a ese público objetivo. Esto puede incluir publicidad, relaciones públicas, marketing digital, estrategias de redes sociales, eventos o cualquier otro enfoque de promoción. También debes explicar cómo planeas manejar el proceso de ventas y distribución de tus productos o servicios.

6. Plan operativo:

El plan operativo detalla cómo llevarás a cabo las actividades diarias de tu negocio. Describe los procesos operativos, las operaciones de producción o prestación de servicios, la cadena de suministro, la gestión de inventario y cualquier otro aspecto relevante. También es importante abordar las necesidades de recursos humanos, como el personal necesario y sus funciones, las políticas de contratación y capacitación, así como los sistemas y tecnologías que utilizarás para mejorar la eficiencia operativa.

7. Análisis financiero:

El análisis financiero es una parte crítica del plan de negocios estratégico. Debes incluir proyecciones financieras detalladas que cubran varios años, como el estado de resultados, el balance general y el flujo.

4.2 Estableciendo el presupuesto y la financiación inicial

Uno de los aspectos fundamentales al emprender un negocio es establecer un presupuesto sólido y asegurar la financiación inicial necesaria para poner en marcha tus operaciones. En esta sección, exploraremos cómo puedes abordar estos aspectos de manera efectiva.

1. Estableciendo el presupuesto:

El primer paso para establecer un presupuesto es realizar una estimación realista de los costos involucrados en el inicio y la operación de tu negocio. Considera los gastos iniciales, como el alquiler de local, equipos, inventario, desarrollo de productos, licencias y permisos, marketing inicial, asesoría legal y contable, entre otros. Además, identifica los costos operativos recurrentes, como salarios, suministros, servicios públicos, seguros y gastos generales.

2. Investigando fuentes de financiación:

Una vez que hayas determinado los costos estimados, debes evaluar las diferentes fuentes de financiación disponibles. Estas pueden incluir recursos propios, préstamos bancarios, inversores, programas de subvenciones o ayudas gubernamentales para emprendedores. Investiga y compara las opciones disponibles para determinar cuál es la más adecuada para tu negocio.

3. Elaborando un plan de financiamiento:

Con base en la estimación de costos y las fuentes de financiación identificadas, elabora un plan de financiamiento detallado. Especifica la cantidad de financiación necesaria y cómo se distribuirá entre los diferentes aspectos de tu negocio. Por ejemplo, asigna una parte para el alquiler, otra para la adquisición de equipos y otra para el marketing inicial. Además, describe cómo utilizarás los fondos y cómo planeas generar ingresos para cubrir los costos operativos a medida que tu negocio crece.

4. Preparando la documentación financiera:

La presentación de una documentación financiera precisa y completa es crucial al buscar financiación externa. Prepara estados financieros proyectados, como el estado de resultados, el balance general y el flujo de efectivo. Estos documentos deben reflejar tus estimaciones de ingresos y gastos, así como las proyecciones financieras a futuro. Además, ten a mano los documentos legales y comerciales requeridos por las fuentes de financiación, como registros corporativos, informes crediticios, declaraciones de impuestos y otros documentos relevantes.

5. Explorando opciones de financiamiento adicionales:

Además de las fuentes de financiación tradicionales, considera otras opciones como el crowdfunding, que implica obtener fondos de un grupo de personas interesadas en tu proyecto. También puedes explorar alianzas estratégicas con otras empresas o buscar inversores ángeles o capital de riesgo. Evalúa estas opciones en función de tus necesidades y objetivos comerciales, así como de la viabilidad y las condiciones asociadas a cada una.

6. Negociando y asegurando la financiación:

Una vez que hayas identificado las fuentes de financiación más adecuadas, es hora de negociar los términos y condiciones. Prepara un plan de presentación sólido y convincente que destaque los aspectos clave de tu negocio y cómo la financiación contribuirá a su éxito. Sé transparente y realista sobre las expectativas y los riesgos involucrados.

4.3 Definiendo tu modelo de negocio

El modelo de negocio es el esquema estratégico que describe cómo tu empresa crea, entrega y captura valor. Es la base sobre la cual se construye y opera tu negocio. En esta sección, exploraremos cómo puedes definir y diseñar un modelo de negocio sólido que sea relevante y rentable.

1. Segmentos de clientes:

Identifica y comprende claramente a qué segmentos de clientes te diriges. Define quiénes son tus clientes ideales y qué necesidades o problemas específicos están buscando resolver. Segmenta tu mercado en base a características demográficas, comportamientos, preferencias u otros criterios relevantes. Cuanto más precisamente puedas definir tus segmentos de clientes, mejor podrás adaptar tu propuesta de valor y estrategias de marketing.

2. Propuesta de valor:

Define de manera clara y convincente cuál es tu propuesta de valor. ¿Qué beneficios únicos y diferenciadores ofrece tu producto o servicio a tus clientes? ¿En qué aspectos supera a la competencia? Asegúrate de que tu propuesta de valor sea clara, relevante y convincente para tus segmentos de clientes. Esto te ayudará a destacarte en el mercado y a atraer a los clientes adecuados.

3. Canales de distribución:

Determina cómo llegarás a tus clientes y cómo entregarás tu propuesta de valor. Considera los diferentes canales de distribución disponibles, como ventas directas, tiendas minoristas, comercio electrónico, distribuidores o socios estratégicos. Evalúa cuáles son los canales más eficientes y efectivos para llegar a tus segmentos de clientes y asegurarte de que tu oferta esté disponible de manera conveniente y accesible.

4. Relaciones con los clientes:

Define cómo establecerás y mantendrás relaciones sólidas con tus clientes. Considera el tipo de interacción que deseas tener con ellos, ya sea personalizada, automatizada o una combinación de ambas. Decide cómo proporcionarás soporte al cliente, cómo manejarás las consultas o problemas, y cómo aprovecharás las oportunidades para fortalecer la relación a largo plazo. Las relaciones sólidas con los clientes son fundamentales para generar lealtad y fomentar recomendaciones positivas.

5. Fuentes de ingresos:

Identifica las diferentes fuentes de ingresos para tu negocio. ¿Cómo generarás ingresos a partir de tu propuesta de valor? Puede ser a través de ventas directas, suscripciones, publicidad, comisiones, licencias, servicios adicionales u otros modelos de monetización. Evalúa cuáles son las fuentes de ingresos más relevantes y rentables para tu modelo de negocio y asegúrate de que estén alineadas con tus segmentos de clientes y propuesta de valor.

6. Recursos clave:

Identifica los recursos clave necesarios para hacer funcionar tu modelo de negocio. Estos pueden incluir recursos físicos, como equipos o instalaciones, recursos intelectuales, como propiedad intelectual o conocimientos especializados, y recursos humanos, como personal calificado. Evalúa cuidadosamente los recursos necesarios y cómo adquirirlos o desarrollarlos de manera efectiva.

7. Actividades clave:

Define las actividades clave que deberás llevar a cabo para entregar tu propuesta de valor y generar ingresos. Estas pueden incluir actividades de producción, desarrollo de productos, marketing y promoción, gestión de relaciones con los clientes, servicio al cliente, logística y cualquier otra actividad relevante para tu negocio. Identifica las actividades críticas y asegúrate de asignar los recursos adecuados para llevarlas a cabo de manera eficiente y efectiva.

8. Alianzas clave:

Considera las alianzas estratégicas que puedes establecer para fortalecer tu modelo de negocio. Estas pueden ser colaboraciones con proveedores, socios de distribución, empresas complementarias o incluso competidores.

Evalúa cómo estas alianzas pueden ayudarte a mejorar tus capacidades, acceder a nuevos mercados o reducir costos. Busca asociaciones que sean mutuamente beneficiosas y que respalden tus objetivos comerciales.

9. Estructura de costos:

Analiza y gestiona tus costos de manera eficiente. Identifica los diferentes tipos de costos asociados con tu modelo de negocio, como costos fijos (alquiler, salarios, servicios públicos) y costos variables (materiales, marketing). Busca oportunidades para reducir costos sin comprometer la calidad o el valor ofrecido a tus clientes. Mantén un seguimiento constante de tus gastos y busca formas de optimizar tus operaciones.

10. Evaluación y mejora continua:

Recuerda que tu modelo de negocio no es estático, sino que debe adaptarse y evolucionar con el tiempo. Establece métricas y KPIs para evaluar el rendimiento de tu modelo de negocio y realiza análisis periódicos para identificar áreas de mejora. Escucha los comentarios de tus clientes y mantente al tanto de los cambios en el mercado. La capacidad de ajustar y mejorar tu modelo de negocio te permitirá mantener tu ventaja competitiva y aprovechar nuevas oportunidades.

Al definir y diseñar tu modelo de negocio, asegúrate de tener en cuenta todos estos elementos y cómo se relacionan entre sí. Un modelo de negocio sólido y coherente te proporcionará una base sólida para el éxito de tu empresa y te permitirá adaptarte a los cambios del mercado y a las necesidades cambiantes de tus clientes.

4.4 Estableciendo un cronograma y hitos clave

A medida que avanzas en tu camino hacia el éxito empresarial, es fundamental establecer un cronograma claro y definir hitos clave para ayudarte a mantener el rumbo y monitorear el progreso de tu negocio. En esta sección, exploraremos cómo establecer un cronograma efectivo y definir los hitos clave que te guiarán en tu viaje emprendedor.

1. Identifica las etapas del proyecto:

Comienza desglosando tu plan de negocio en etapas o fases claramente definidas. Por ejemplo, puedes tener una etapa inicial de investigación y desarrollo, seguida de una etapa de lanzamiento y crecimiento, y luego una etapa de expansión o diversificación. Cada etapa debe tener objetivos claros y actividades específicas asociadas a ella.

2. Establece plazos realistas:

Una vez que hayas identificado las etapas, establece plazos realistas para cada una de ellas. Considera la complejidad de las tareas involucradas, la disponibilidad de recursos y cualquier otro factor relevante. Es importante ser realista y considerar los posibles contratiempos o retrasos que puedan surgir. Establecer plazos realistas te ayudará a mantener un ritmo constante y evitar la procrastinación.

3. Define los hitos clave:

Dentro de cada etapa, identifica los hitos clave que marcarán el logro de objetivos importantes. Estos hitos pueden ser eventos significativos, como la finalización de un prototipo, el lanzamiento de un producto o servicio, la adquisición de los primeros clientes o el logro de ciertos niveles de ingresos. Los hitos clave actúan como puntos de referencia y te permiten evaluar el progreso de tu negocio.

4. Asigna recursos y responsabilidades:

A medida que estableces el cronograma y los hitos clave, asigna los recursos necesarios y las responsabilidades correspondientes a tu equipo o a ti mismo. Determina quién será responsable de llevar a cabo cada tarea y asegúrate de que cuenten con los recursos adecuados para hacerlo. Esto incluye personal, presupuesto, herramientas o cualquier otro elemento necesario para lograr los hitos establecidos.

5. Monitorea y ajusta el cronograma:

A medida que avanzas en la ejecución de tu plan, monitorea de cerca el progreso y realiza ajustes según sea necesario. Revisa regularmente el cumplimiento de los hitos y analiza cualquier desviación o retraso. Si surgen obstáculos o cambios en las circunstancias, adapta tu cronograma en consecuencia y busca soluciones alternativas para mantener el rumbo hacia tus objetivos.

6. Celebra los logros alcanzados:

No olvides celebrar los logros alcanzados en cada hito clave. Reconoce el esfuerzo y los avances de tu equipo y tómate un momento para celebrar los hitos importantes. Esto no solo ayudará a mantener la motivación y el compromiso, sino que también te permitirá evaluar el progreso de manera positiva y reafirmar tu camino hacia el éxito.

Recuerda que el establecimiento de un cronograma y la definición de hitos clave son herramientas poderosas para mantener el enfoque y la disciplina en tu negocio. Además, te permiten evaluar y celebrar los logros.

Capítulo 5: Legalidad y trámites empresariales

El cumplimiento de las leyes y los trámites empresariales es una parte fundamental para asegurar la legalidad y el funcionamiento adecuado de tu negocio. En este capítulo, exploraremos los aspectos legales y los trámites que debes tener en cuenta al emprender.

5.1 Identificando la forma jurídica adecuada:

Uno de los primeros pasos legales que debes tomar es determinar la forma jurídica bajo la cual operará tu negocio. Puedes optar por ser un empresario individual, una sociedad de responsabilidad limitada, una sociedad anónima u otras formas legales según las regulaciones de tu país. Cada forma tiene implicaciones legales y fiscales diferentes, por lo que es importante analizar cuál se adapta mejor a tu situación y objetivos empresariales.

5.2 Registro y obtención de licencias:

Una vez que hayas elegido la forma jurídica, deberás registrar tu empresa y obtener las licencias y permisos necesarios para operar legalmente. Esto implica completar formularios de registro, proporcionar la documentación requerida y pagar las tarifas correspondientes. Asegúrate de investigar y cumplir con todos los requisitos legales y regulatorios aplicables en tu industria y ubicación.

5.3 Protección de propiedad intelectual:

Si tu negocio involucra productos, servicios o ideas innovadoras, es importante proteger tu propiedad intelectual. Esto puede incluir patentes para invenciones, derechos de autor para obras creativas, marcas registradas para nombres o logotipos distintivos, entre otros. Consulta con un abogado especializado en propiedad intelectual para entender cómo proteger tus activos intangibles y evitar infracciones.

5.4 Cumplimiento de regulaciones laborales:

Si planeas contratar empleados, debes familiarizarte con las regulaciones laborales y los derechos de los trabajadores en tu país. Esto incluye aspectos como la contratación, el pago de salarios, las horas de trabajo, los beneficios y las obligaciones de seguridad laboral. Asegúrate de cumplir con todas las regulaciones y considera obtener asesoramiento legal para garantizar un entorno laboral justo y cumplir con todas las obligaciones legales.

5.5 Aspectos fiscales y contables:

La gestión adecuada de los aspectos fiscales y contables es esencial para evitar problemas legales y financieros. Esto implica registrar y mantener registros precisos de tus transacciones comerciales, cumplir con las obligaciones fiscales, presentar declaraciones y pagar impuestos de manera oportuna. Considera contratar un contador o asesor fiscal para asegurarte de cumplir con las regulaciones fiscales y contables y aprovechar los beneficios fiscales disponibles.

5.6 Protección de datos y privacidad:

En la era digital, proteger la privacidad y los datos de tus clientes es una preocupación cada vez más importante. Asegúrate de cumplir con las leyes de protección de datos y privacidad aplicables, especialmente si recopilas información personal de tus clientes.

Recuerda que el asesoramiento legal y la consulta de profesionales especializados son fundamentales para garantizar que cumples con todos los requisitos legales y trámites empresariales necesarios. No subestimes la importancia de este aspecto, ya que el incumplimiento de las leyes y regulaciones puede tener graves consecuencias legales y financieras para tu negocio.

Además, recuerda que las leyes y regulaciones pueden variar según el país y la industria en la que operes. Mantente actualizado sobre los cambios legales relevantes y busca orientación legal cuando sea necesario para garantizar el cumplimiento continuo.

En este capítulo, hemos abordado algunos de los aspectos clave relacionados con la legalidad y los trámites empresariales. Sin embargo, es importante tener en cuenta que cada negocio es único y puede enfrentar requisitos legales específicos según su industria y ubicación. Por lo tanto, te animo a buscar asesoramiento legal específico para tu situación empresarial.

Recuerda que cumplir con las regulaciones y trámites legales no solo te proporciona seguridad jurídica, sino que también te brinda una base sólida para construir y hacer crecer tu negocio de manera sostenible. No escatimes esfuerzos en esta área y establece una cultura empresarial de cumplimiento y ética para asegurar el éxito a largo plazo de tu empresa.

5.1 Selección de la estructura legal adecuada

Al emprender un negocio, es fundamental elegir la estructura legal adecuada que mejor se adapte a tus necesidades y objetivos empresariales. La estructura legal que elijas determinará aspectos como la responsabilidad legal, la forma en que se gravan los ingresos y las obligaciones de cumplimiento. A continuación, exploraremos algunas de las opciones más comunes para la estructura legal de una empresa:

1. Empresario individual:

La forma más sencilla y común de comenzar un negocio es como empresario individual. En este caso, tú eres el único propietario y tienes el control total sobre el negocio. No hay una separación legal entre tú y la empresa, lo que significa que eres personalmente responsable de todas las deudas y obligaciones legales del negocio. Esta estructura es adecuada para negocios pequeños y de bajo riesgo, donde no se espera una gran expansión o inversión externa.

2. Sociedad de responsabilidad limitada (SRL):

Una SRL es una entidad legal separada de sus propietarios y ofrece una limitación de responsabilidad personal. Esto significa que los socios o accionistas no son personalmente responsables de las deudas y obligaciones del negocio. En una SRL, los socios comparten la responsabilidad y participan en los beneficios y las pérdidas de la empresa de acuerdo con sus aportes. Esta estructura es adecuada para negocios medianos o en crecimiento, donde se busca una separación clara entre el patrimonio personal y el empresarial.

3. Sociedad anónima (SA):

Una SA es una entidad legal independiente de sus accionistas. Los accionistas poseen acciones en la empresa y se rigen por las normas y regulaciones establecidas por las leyes comerciales. La responsabilidad de los accionistas se limita al monto de su inversión en acciones. Las SA son adecuadas para empresas de mayor envergadura, especialmente aquellas que buscan atraer inversores y cotizar en bolsa.

4. Cooperativa:

Una cooperativa es una entidad propiedad de sus miembros, quienes participan en la toma de decisiones y comparten los beneficios y las responsabilidades. Las cooperativas se rigen por principios de participación democrática y distribución equitativa de los excedentes generados por el negocio. Esta estructura es adecuada para empresas con un enfoque en la colaboración y la comunidad, como cooperativas de consumidores, de trabajo o de crédito.

5. Fundación:

Una fundación es una entidad sin fines de lucro creada con el propósito de realizar actividades benéficas, educativas, científicas u otros fines sociales. Las fundaciones están reguladas por las leyes de fundaciones y deben cumplir con requisitos específicos para mantener su estatus sin fines de lucro. Esta estructura es adecuada para proyectos sociales, investigaciones científicas o iniciativas filantrópicas.

Al seleccionar la estructura legal adecuada, considera aspectos como la responsabilidad legal, los impuestos, los requisitos de presentación de informes y las necesidades de financiación de tu negocio. También es recomendable buscar asesoramiento legal y consultar a expertos en contabilidad o consultoría empresarial para evaluar las implicaciones legales y financieras de cada estructura en relación con tu negocio específico.

Recuerda que la elección de la estructura legal adecuada es un paso crucial en el proceso de emprendimiento. Cada estructura tiene sus ventajas y desventajas, por lo que es importante evaluar cuidadosamente tus necesidades y metas comerciales antes de tomar una decisión final.

Además de los aspectos legales y fiscales, considera la naturaleza de tu negocio, tu visión a largo plazo y tus planes de crecimiento. ¿Planeas expandirte en el futuro? ¿Necesitarás obtener financiamiento externo? Estas son preguntas importantes que pueden influir en la elección de la estructura legal más adecuada.

Una vez que hayas seleccionado la estructura legal, asegúrate de cumplir con todos los requisitos legales y de presentación de informes asociados. Esto incluye el registro de la empresa ante las autoridades competentes, la obtención de los permisos y licencias necesarios, y el cumplimiento de las obligaciones fiscales y contables.

Recuerda que la estructura legal de tu negocio puede evolucionar a lo largo del tiempo a medida que tu empresa crezca y cambie. Si en algún momento sientes la necesidad de cambiar la estructura legal existente, busca asesoramiento profesional para realizar la transición de manera adecuada y cumplir con todos los requisitos legales.

En resumen, la elección de la estructura legal adecuada es un paso fundamental para establecer tu negocio de manera sólida y cumplir con las obligaciones legales. Tómate el tiempo necesario para evaluar tus opciones y busca asesoramiento profesional para tomar una decisión informada. Al hacerlo, estarás sentando las bases para el éxito y la sostenibilidad de tu empresa a largo plazo.

5.2 Registrando tu empresa y cumpliendo con los requisitos legales

Una vez que hayas seleccionado la estructura legal adecuada para tu negocio, el siguiente paso es registrar tu empresa y cumplir con todos los requisitos legales correspondientes. Esto garantizará que tu negocio opere de manera legal y cumpla con las regulaciones vigentes. A continuación, te guiaré a través de los pasos clave en el proceso de registro y cumplimiento de requisitos legales:

1. Registro de la empresa:

El primer paso es registrar tu empresa ante las autoridades competentes. Esto implica proporcionar la información necesaria, completar los formularios de registro y pagar las tarifas correspondientes. Dependiendo de tu ubicación y la estructura legal seleccionada, esto puede implicar registrar el nombre de tu empresa, obtener un número de identificación fiscal o registrar los estatutos de la empresa. Investiga los requisitos específicos de tu jurisdicción y sigue los pasos necesarios para registrar tu empresa de manera adecuada.

2. Obtención de licencias y permisos:

Averigua si tu negocio requiere licencias o permisos específicos para operar legalmente. Esto puede variar según la industria y la ubicación geográfica. Por ejemplo, si tienes un restaurante, es posible que necesites una licencia de salud y una licencia de venta de alcohol.

Investiga y solicita todas las licencias y permisos necesarios antes de iniciar tus operaciones comerciales. Asegúrate de cumplir con los requisitos de seguridad, salud y cualquier otra regulación aplicable a tu industria.

3. Cumplimiento de obligaciones fiscales:

Es importante cumplir con las obligaciones fiscales y presentar los informes adecuados. Esto puede incluir la obtención de un número de identificación fiscal, la presentación de declaraciones de impuestos y el pago de impuestos corporativos o personales. Consulta a un contador o asesor fiscal para asegurarte de cumplir con todas las leyes y regulaciones fiscales aplicables a tu negocio. Mantén registros precisos de todas tus transacciones financieras y sigue las fechas límite de presentación de informes para evitar penalizaciones o sanciones.

4. Cumplimiento de regulaciones laborales:

Si planeas contratar empleados, asegúrate de cumplir con todas las regulaciones laborales aplicables. Esto puede incluir la elaboración de contratos laborales, el pago de salarios mínimos, la retención de impuestos sobre la nómina y el cumplimiento de las normas de seguridad y salud en el lugar de trabajo. Familiarízate con los derechos de los empleados y las leyes laborales específicas de tu país para garantizar un entorno laboral justo y cumplir con todas las obligaciones legales.

5. Protección de datos y privacidad:

En un mundo cada vez más digital, es fundamental proteger la privacidad y los datos de tus clientes. Asegúrate de cumplir con las leyes de protección de datos y privacidad aplicables a tu negocio. Esto puede incluir la implementación de políticas de privacidad, la obtención de consentimiento para la recopilación y el uso de datos personales, y la protección de la información confidencial. Consulta con un experto en privacidad y seguridad de datos para garantizar que tu empresa cumpla con todas las regulaciones y salvaguarde la información de tus clientes.

Recuerda que las regulaciones y requisitos legales pueden variar según tu ubicación y la naturaleza de tu negocio. Es importante investigar y familiarizarse con las leyes y regulaciones específicas que se aplican a tu industria y país. También te recomiendo buscar asesoramiento legal o contable para garantizar que cumples con todos los requisitos legales relevantes.

Además de cumplir con los requisitos iniciales de registro y obtención de licencias, es fundamental mantener un seguimiento continuo de tus obligaciones legales. Esto incluye mantener registros precisos y actualizados de todas las transacciones comerciales, presentar declaraciones fiscales y cumplir con cualquier requisito de presentación de informes o renovación de licencias. Mantén un calendario o recordatorio para asegurarte de que no te pierdas ninguna fecha límite importante.

Además, considera la importancia de proteger la propiedad intelectual de tu empresa. Si tienes marcas comerciales, patentes o derechos de autor, asegúrate de registrarlos y tomar las medidas necesarias para proteger tu propiedad intelectual de posibles infracciones.

Recuerda que el cumplimiento de los requisitos legales no solo te protege de posibles sanciones o litigios, sino que también genera confianza entre tus clientes y socios comerciales. Ser un negocio legalmente establecido demuestra tu compromiso con la transparencia, la ética y el cumplimiento de las normas.

En resumen, el registro de tu empresa y el cumplimiento de los requisitos legales son elementos esenciales para asegurar el éxito a largo plazo de tu negocio. Asegúrate de investigar, cumplir y mantener actualizados todos los aspectos legales relevantes a medida que tu empresa crece y evoluciona. Al hacerlo, establecerás una base sólida y legalmente sólida para el desarrollo y la prosperidad de tu negocio.

5.3 Protección de la propiedad intelectual y marcas comerciales

La protección de la propiedad intelectual y las marcas comerciales es un aspecto crucial para cualquier emprendedor. Estos activos intangibles son valiosos y pueden ser vitales para el éxito de tu negocio. A continuación, te brindaré información sobre cómo proteger tu propiedad intelectual y registrar tus marcas comerciales:

1. Propiedad intelectual:

La propiedad intelectual se refiere a los derechos legales sobre las creaciones de la mente, como invenciones, diseños, obras literarias, música y software. Para proteger tu propiedad intelectual, considera las siguientes medidas:

- Patentes: Si has desarrollado una invención o un producto innovador, puedes solicitar una patente para proteger tus derechos exclusivos sobre el mismo. Esto te brindará la autoridad legal para evitar que otros utilicen, fabriquen o vendan tu invención sin tu consentimiento.

- Derechos de autor: Los derechos de autor protegen las obras literarias, artísticas, musicales y cinematográficas. Al crear contenido original, automáticamente tienes derechos de autor sobre esa obra. Sin embargo, registrar tus derechos de autor brinda una mayor protección y evidencia legal en caso de disputas.

- Marcas comerciales: Las marcas comerciales son signos distintivos, como nombres, logotipos o eslóganes, que identifican y distinguen tus productos o servicios de los de otros. Registrar una marca comercial te otorga derechos exclusivos sobre su uso y evita que otros utilicen una marca similar en la misma industria.

2. Registro de marcas comerciales:

Para registrar tu marca comercial, debes realizar una búsqueda exhaustiva para asegurarte de que no esté en conflicto con marcas existentes. Luego, debes presentar una solicitud ante la oficina de marcas comerciales de tu país o región. La solicitud debe incluir información sobre la marca, su uso previsto y los productos o servicios asociados.

Una vez aprobada, tu marca comercial estará protegida y podrás utilizar el símbolo ® para indicar que es una marca registrada. Es importante renovar periódicamente el registro de tu marca para mantener su validez y protección.

3. Protección de la propiedad intelectual en línea:

En la era digital, la protección de la propiedad intelectual en línea se vuelve cada vez más importante. Aquí hay algunas medidas que puedes tomar:

- Protección de contenido en línea: Si publicas contenido en línea, como artículos, fotografías o videos, considera marcarlo con derechos de autor y establecer términos de uso claros. Además, puedes monitorear y tomar medidas contra el uso no autorizado de tu contenido.

- Protección de software y aplicaciones: Si desarrollas software o aplicaciones, considera el uso de licencias y medidas técnicas para proteger tu código fuente y evitar la piratería.

- Vigilancia de infracciones: Mantén un seguimiento regular de posibles infracciones a tu propiedad intelectual en línea. Puedes utilizar herramientas de búsqueda y servicios especializados para monitorear el uso no autorizado de tus creaciones y tomar acciones legales en caso necesario.

Recuerda que la protección de la propiedad intelectual y las marcas comerciales es un proceso continuo. Mantente actualizado sobre las leyes y regulaciones aplicables, y busca asesoramiento legal si tienes dudas o necesitas protección adicional. Además, considera la posibilidad de trabajar con un abogado especializado en propiedad intelectual para recibir asesoramiento personalizado y asegurarte de que todos los aspectos legales estén correctamente cubiertos.

Al proteger tu propiedad intelectual y registrar tus marcas comerciales, estarás resguardando los activos clave de tu negocio y garantizando que nadie pueda utilizarlos sin tu autorización. Esto te brinda exclusividad en el mercado, te ayuda a construir una imagen de marca sólida y te otorga una ventaja competitiva.

Recuerda también la importancia de mantener un seguimiento proactivo de posibles infracciones a tu propiedad intelectual. Esto implica estar atento a cualquier uso no autorizado de tus creaciones y tomar medidas legales en caso necesario. La protección de la propiedad intelectual no solo protege tus intereses comerciales, sino que también te posiciona como un negocio serio y confiable en el mercado.

En conclusión, la protección de la propiedad intelectual y las marcas comerciales es esencial para salvaguardar los activos intangibles de tu negocio y garantizar su éxito a largo plazo. Tómate el tiempo necesario para entender los procesos de registro y cumplir con todas las regulaciones pertinentes. Al hacerlo, estarás protegiendo tu creatividad, innovación y esfuerzo, y construyendo una base sólida para el crecimiento y la prosperidad de tu empresa.

5.4 Comprendiendo los aspectos legales y fiscales del emprendimiento

Cuando te embarcas en el camino del emprendimiento, es fundamental comprender los aspectos legales y fiscales que afectan a tu negocio. Estos aspectos aseguran que operes dentro del marco legal y cumplas con tus responsabilidades fiscales. Aquí te presento algunos puntos clave a considerar:

1. Constitución legal de tu empresa: Debes determinar la estructura legal más adecuada para tu negocio, como ser una sociedad limitada, una empresa unipersonal o una sociedad de responsabilidad limitada. Cada estructura tiene implicaciones legales y fiscales distintas, por lo que es importante investigar y comprender las características de cada una.

2. Obligaciones legales: Asegúrate de cumplir con todas las leyes y regulaciones aplicables a tu industria y ubicación. Esto incluye obtener las licencias y permisos necesarios para operar, cumplir con las normativas de protección al consumidor, respetar los derechos laborales y mantener registros precisos y actualizados de tus transacciones comerciales.

3. Registro y presentación de impuestos: Familiarízate con las obligaciones fiscales de tu empresa, como el registro para obtener un número de identificación fiscal, la presentación de declaraciones de impuestos periódicas y el pago de impuestos correspondientes. Considera contratar a un contador o asesor fiscal para asegurarte de cumplir con todas las regulaciones fiscales y maximizar los beneficios fiscales disponibles.

4. Contratos y acuerdos legales: A medida que tu negocio crece, es probable que te involucres en contratos y acuerdos con proveedores, clientes y socios comerciales. Es fundamental comprender los términos y condiciones de estos contratos, y considerar buscar asesoramiento legal al redactarlos para proteger tus intereses y garantizar un cumplimiento adecuado.

5. Protección de datos y privacidad: En la era digital, la protección de datos y privacidad es un aspecto crítico. Asegúrate de cumplir con las leyes de protección de datos aplicables y de implementar medidas de seguridad

adecuadas para proteger la información confidencial de tus clientes y empleados.

6. Propiedad intelectual: Como se mencionó anteriormente, proteger la propiedad intelectual, como patentes, derechos de autor y marcas comerciales, es esencial para resguardar tus activos intangibles y evitar posibles infracciones.

Recuerda que las leyes y regulaciones pueden variar según el país o la región, por lo que es importante obtener asesoramiento legal específico para tu situación. Un abogado especializado en derecho empresarial puede brindarte orientación precisa y ayudarte a cumplir con todas las obligaciones legales y fiscales.

En conclusión, comprender los aspectos legales y fiscales del emprendimiento es fundamental para operar de manera legal y eficiente. Dedica tiempo a investigar y obtener el asesoramiento necesario para asegurarte de cumplir con todas las leyes y regulaciones aplicables. Al hacerlo, estarás construyendo una base sólida para el crecimiento y el éxito sostenible de tu negocio.

Capítulo 6: Construyendo tu marca

El proceso de construcción de una marca sólida es esencial para el éxito de tu negocio. Una marca bien establecida no solo te diferencia de la competencia, sino que también genera confianza y lealtad entre tus clientes. En este capítulo, exploraremos los elementos clave para construir una marca efectiva:

6.1 Definiendo tu identidad de marca

La identidad de marca es la esencia de quién eres como empresa y cómo quieres ser percibido por tus clientes. Comienza definiendo tu propósito, los valores fundamentales de tu negocio y la promesa que haces a tus clientes. Estos elementos formarán la base de tu identidad de marca y guiarán todas tus actividades de branding.

6.2 Diseñando tu logotipo y elementos visuales

El logotipo y los elementos visuales son aspectos visibles y reconocibles de tu marca. Diseña un logotipo que represente tu negocio de manera memorable y coherente con tu identidad de marca. Además, selecciona una paleta de colores, tipografías y otros elementos visuales que refuercen tu identidad y creen una experiencia visual cohesiva para tus clientes.

6.3 Creando una voz y tono de marca

La voz y el tono de tu marca se refieren a la forma en que te comunicas con tu público. Define el estilo de lenguaje que utilizarás en tus comunicaciones, ya sea que desees ser formal, amigable, inspirador o divertido. Mantén una voz consistente en todos los puntos de contacto con tus clientes, ya sea en tu sitio web, redes sociales, contenido de marketing u otras interacciones.

6.4 Desarrollando una propuesta de valor única

Tu propuesta de valor única es lo que te distingue de la competencia y responde a la pregunta: ¿por qué los clientes deben elegirte a ti? Identifica los beneficios clave que tu negocio ofrece y cómo estos satisfacen las necesidades o deseos de tu mercado objetivo. Comunica tu propuesta de valor de manera clara y convincente para captar la atención de tus clientes potenciales.

6.5 Creando una experiencia de marca consistente

La experiencia de marca se refiere a cómo tus clientes interactúan con tu negocio en todos los puntos de contacto. Desde el primer contacto hasta la compra y el servicio postventa, cada interacción debe reflejar los valores y la promesa de tu marca. Ofrece una experiencia excepcional en cada etapa del viaje del cliente para generar confianza, fidelidad y recomendaciones positivas.

6.6 Construyendo tu presencia en línea

En la era digital, tener una sólida presencia en línea es fundamental. Crea un sitio web profesional y optimizado que refleje tu identidad de marca y proporcione información relevante a tus clientes. Utiliza estrategias de marketing digital, como SEO, redes sociales y marketing de contenidos, para aumentar tu visibilidad y llegar a tu público objetivo de manera efectiva.

6.7 Fomentando la participación de la comunidad

Construye una comunidad alrededor de tu marca alentando la participación y la interacción con tus clientes. Utiliza las redes sociales, foros en línea, eventos y otras plataformas para crear un espacio donde tus clientes puedan conectarse, compartir experiencias y brindar retroalimentación. Establece relaciones duraderas y muestra tu compromiso con la satisfacción del cliente.

6.1 Definiendo tu identidad de marca y valores

La identidad de marca es la piedra angular de cualquier estrategia de branding exitosa. Define quién eres como empresa y cómo deseas ser percibido por tus clientes. Al establecer una identidad de marca sólida, puedes diferenciarte en un mercado competitivo y construir conexiones emocionales con tu audiencia. Aquí hay algunos pasos clave para definir tu identidad de marca y valores:

1. Comprende tu propósito: Reflexiona sobre la razón por la que tu negocio existe más allá de la simple generación

de ingresos. ¿Cuál es tu misión? ¿Qué problemas o necesidades estás resolviendo para tus clientes? Comprender tu propósito te ayudará a establecer una base sólida para tu identidad de marca.

2. Define tus valores fundamentales: Identifica los valores centrales que guían tus acciones y decisiones como empresa. ¿Qué crees que es importante y qué principios te inspiran? Los valores pueden incluir la integridad, la innovación, la sostenibilidad, el compromiso con la calidad, entre otros. Estos valores serán la brújula moral de tu negocio y se reflejarán en todas tus interacciones con clientes y empleados.

3. Conoce a tu audiencia objetivo: Entender a quién te diriges te ayudará a ajustar tu identidad de marca para conectar de manera más efectiva con ellos. Investiga a fondo a tu audiencia objetivo, comprende sus necesidades, deseos, valores y preferencias. Esto te permitirá adaptar tu identidad de marca para que sea relevante y atractiva para tu público objetivo.

4. Crea una personalidad de marca: Piensa en tu marca como una persona. ¿Cómo se vería, hablaría y se comportaría tu marca si fuera una persona real? Define la personalidad de tu marca, ya sea seria y profesional, amigable y accesible, o creativa y audaz. Esta personalidad guiará tu tono de voz, el estilo de tus comunicaciones y la forma en que interactúas con tus clientes.

5. Desarrolla una declaración de marca: Sintetiza la esencia de tu identidad de marca en una declaración concisa y poderosa. Esta declaración debe capturar el propósito, los valores y la personalidad de tu marca en unas pocas frases. Asegúrate de que sea clara, memorable y auténtica, y úsala como una guía para todas tus acciones y comunicaciones de marca.

6. Infunde tus valores en todas las áreas de tu negocio: Los valores de tu marca deben impregnar todos los aspectos de tu negocio, desde la cultura organizacional hasta la atención al cliente y el diseño de productos o servicios. Asegúrate de que tus empleados comprendan y adopten los valores de tu marca, y que se reflejen en cada interacción con los clientes.

Recuerda que la identidad de marca no es algo estático, puede evolucionar a medida que tu negocio crece y se adapta al entorno cambiante. Mantén una visión clara de tu identidad de marca y asegúrate de que cada decisión y acción estén alineadas con tus valores fundamentales. Al hacerlo, construirás una marca sólida y auténtica que resonará con tu audiencia y establecerá una base sólida para el éxito empresarial.

6.2 Diseñando un logotipo y materiales de marca

El diseño de tu logotipo y materiales de marca es fundamental para crear una imagen visualmente atractiva y coherente que represente tu negocio de manera efectiva. Estos elementos visuales se convertirán en la cara reconocible de tu marca y te ayudarán a destacar en un mercado competitivo. Aquí te presento los pasos clave para diseñar un logotipo y materiales de marca impactantes:

1. Investiga y define tu estilo visual: Antes de comenzar el diseño, investiga y analiza otros logotipos y materiales de marca en tu industria. Observa qué funciona y qué no, y busca inspiración en tendencias de diseño actuales. Luego, define el estilo visual que deseas transmitir con tu marca. ¿Es minimalista y elegante, audaz y llamativo, o algo intermedio? Establecer un estilo coherente te ayudará a crear una imagen de marca sólida.

2. Contrata a un diseñador gráfico profesional: Si no tienes habilidades en diseño gráfico, considera contratar a un profesional para crear tu logotipo y materiales de marca. Un diseñador experimentado entenderá tus necesidades y objetivos de marca, y podrá traducirlos en elementos visuales efectivos. Asegúrate de comunicar claramente tus expectativas y proporcionar ejemplos o referencias visuales que reflejen tu visión.

3. Crea un logotipo memorable: El logotipo es el elemento central de tu identidad de marca. Debe ser único, memorable y representar la esencia de tu negocio. Considera los elementos gráficos, las tipografías y los colores que mejor reflejen la personalidad y los valores de tu marca. Trabaja estrechamente con el diseñador para

iterar y refinar el diseño hasta que estés satisfecho con el resultado final.

4. Desarrolla una paleta de colores coherente: Selecciona una paleta de colores que sea coherente con tu logotipo y refleje la identidad de tu marca. Los colores transmiten emociones y pueden tener un impacto significativo en cómo se percibe tu marca. Considera la psicología del color y elige colores que se alineen con la personalidad y los valores de tu marca. Utiliza esta paleta de colores en todos los materiales de marca, desde tu sitio web hasta tus folletos y redes sociales.

5. Define tipografías consistentes: Elige una o dos tipografías que sean legibles y complementen la personalidad de tu marca. Utiliza estas tipografías de manera consistente en todos los materiales de marca para crear una identidad visual coherente. Considera cómo se ven las tipografías tanto en formato impreso como digital, y asegúrate de que sean escalables para adaptarse a diferentes tamaños y formatos.

6. Diseña materiales de marca coherentes: Además del logotipo, desarrolla una gama de materiales de marca coherentes que refuercen tu identidad visual. Estos pueden incluir tarjetas de presentación, papelería, plantillas de presentaciones, folletos, banners para redes sociales y cualquier otro elemento necesario para tu negocio. Mantén la coherencia en la estética, el estilo y los elementos visuales utilizados en todos estos materiales.

7. Considera la versatilidad y la adaptabilidad: Asegúrate de que tu logotipo y materiales de marca sean versátiles y adaptables a diferentes formatos y medios. Esto incluye considerar cómo se verán en diferentes tamaños, en impresiones en blanco y negro, en fondos claros u oscuros, y en diferentes plataformas digitales. Un diseño que funcione bien en todos estos contextos garantizará una presencia de marca coherente y profesional.

8. Solicita retroalimentación y realiza ajustes: Una vez que hayas diseñado tus materiales de marca, solicita la opinión de personas de confianza, como socios comerciales, colegas o clientes. Escucha atentamente sus comentarios y considera las sugerencias para realizar ajustes si es necesario. A veces, un ojo externo puede identificar aspectos que podrían mejorarse o brindar nuevas perspectivas que enriquezcan tu diseño.

9. Protege tu marca: Una vez que hayas finalizado el diseño de tu logotipo y materiales de marca, asegúrate de protegerlos legalmente. Investiga sobre el registro de marcas comerciales y considera proteger tu identidad de marca para evitar el uso no autorizado o la copia de tus elementos visuales por parte de otros.

Recuerda que el diseño de tu logotipo y materiales de marca es una inversión a largo plazo en la imagen de tu negocio. Si es necesario, busca la asesoría de profesionales en diseño gráfico y branding para garantizar que tu identidad visual sea atractiva, coherente y represente adecuadamente los valores y la personalidad de tu marca. Un diseño sólido y bien ejecutado ayudará a crear una impresión memorable y positiva en tus clientes, diferenciándote de la competencia y construyendo una base sólida para el éxito de tu negocio.

6.3 Creando una presencia en línea impactante

En la era digital, tener una presencia en línea sólida es crucial para el éxito de tu marca y el crecimiento de tu negocio. Una presencia en línea impactante te permitirá llegar a un público más amplio, generar confianza, establecer relaciones con tus clientes y destacar en un mercado competitivo. Aquí te presento los pasos clave para crear una presencia en línea efectiva:

1. Crea un sitio web profesional: Tu sitio web será el centro de tu presencia en línea. Asegúrate de que tenga un diseño atractivo, una navegación intuitiva y contenido relevante. Incluye información sobre tu negocio, productos o servicios, testimonios de clientes satisfechos y una forma fácil de contactarte. Optimiza tu sitio web para que sea compatible con dispositivos móviles y optimizado para motores de búsqueda (SEO) para mejorar su visibilidad en los resultados de búsqueda.

2. Utiliza estrategias de marketing digital: El marketing digital te ayudará a promocionar tu negocio y llegar a tu audiencia objetivo en línea. Esto incluye técnicas como el marketing de contenidos, el uso de redes sociales, el email

marketing, la publicidad en línea y el SEO. Desarrolla una estrategia de marketing digital que se alinee con tus objetivos y recursos, y utiliza las herramientas y plataformas adecuadas para llegar a tu público de manera efectiva.

3. Establece una presencia en redes sociales: Las redes sociales son poderosas herramientas para conectarte con tu audiencia, generar conversaciones y aumentar la visibilidad de tu marca. Identifica las plataformas sociales más relevantes para tu negocio y crea perfiles profesionales. Comparte contenido relevante, interactúa con tus seguidores y utiliza estrategias de promoción para expandir tu alcance. Asegúrate de mantener una imagen coherente y profesional en todas tus publicaciones y respuestas.

4. Crea contenido de valor: Generar contenido de calidad te ayudará a construir autoridad y credibilidad en tu industria. Crea blogs, videos, infografías o podcasts que sean relevantes para tu audiencia y que brinden información valiosa. Comparte tu experiencia y conocimientos, y demuestra cómo tus productos o servicios pueden resolver los problemas de tus clientes. El contenido de valor te ayudará a atraer y retener a tu audiencia, y a establecerte como un referente en tu nicho.

5. Interactúa con tu audiencia: La interacción y el compromiso con tu audiencia en línea son fundamentales para construir relaciones sólidas. Responde a los comentarios, mensajes y preguntas de tus seguidores de

manera oportuna y amigable. Fomenta la participación a través de encuestas, concursos o preguntas que generen conversaciones. Escucha las opiniones de tus clientes y utiliza su retroalimentación para mejorar tu negocio.

6. Monitorea tu reputación en línea: Mantén un ojo en lo que se dice sobre tu marca en línea. Realiza un seguimiento de las menciones de tu negocio en las redes sociales y en los sitios de reseñas. Responde de manera proactiva a los comentarios positivos y soluciona rápidamente cualquier problema o crítica negativa. Construir y mantener una reputación en línea positiva fortalecerá la confianza en tu marca y te ayudará a atraer nuevos clientes.

7. Utiliza herramientas de analítica web: Utiliza herramientas de analítica web para medir y evaluar el rendimiento de tu presencia en línea. Estas herramientas te proporcionarán datos importantes, como el tráfico del sitio web, las fuentes de origen, las conversiones y el comportamiento de los usuarios en tu sitio. Analiza estos datos regularmente para comprender qué estrategias están funcionando bien y qué áreas pueden mejorarse. Ajusta tu enfoque según los resultados y busca oportunidades para optimizar tu presencia en línea.

8. Mantén tu presencia en línea actualizada: Es importante mantener tu presencia en línea actualizada y relevante. Actualiza regularmente el contenido de tu sitio web, publica nuevas publicaciones en redes sociales, responde a las consultas de los clientes y mantén tus

perfiles de negocio actualizados. Una presencia en línea activa y actualizada demuestra profesionalismo y compromiso con tu audiencia.

9. Sé consistente en tu branding: Asegúrate de que tu presencia en línea refleje la identidad y los valores de tu marca de manera coherente. Utiliza los mismos colores, tipografías y estilo visual en tu sitio web, perfiles de redes sociales y cualquier otro material en línea. Esto ayudará a que tu marca sea reconocible y refuerce la imagen que deseas transmitir.

10. Realiza un seguimiento de tus resultados: Evalúa regularmente los resultados de tus esfuerzos en línea. Utiliza herramientas de análisis para medir métricas importantes como el tráfico del sitio web, las conversiones y el compromiso en las redes sociales. Estos datos te proporcionarán información valiosa sobre el rendimiento de tu presencia en línea y te ayudarán a tomar decisiones informadas para mejorar y ajustar tus estrategias.

Recuerda que una presencia en línea impactante requiere tiempo, esfuerzo y constancia. Mantente actualizado sobre las últimas tendencias y mejores prácticas en marketing digital y aprovecha las oportunidades que ofrece el mundo en línea para promocionar tu negocio. Con una presencia en línea sólida y efectiva, podrás ampliar tu alcance, conectar con tu audiencia y hacer crecer tu negocio de manera significativa.

6.4 Implementando estrategias de marketing para aumentar la visibilidad

Una vez que has establecido tu presencia en línea, es crucial implementar estrategias de marketing efectivas para aumentar la visibilidad de tu marca y atraer a un público más amplio. Aquí hay algunas estrategias clave que puedes utilizar:

1. Optimización de motores de búsqueda (SEO): El SEO es fundamental para mejorar la visibilidad de tu sitio web en los motores de búsqueda. Investiga y utiliza palabras clave relevantes en tu contenido, optimiza tus meta, mejora la velocidad de carga de tu sitio y crea enlaces internos y externos de calidad. Al implementar buenas prácticas de SEO, podrás mejorar tu clasificación en los resultados de búsqueda y aumentar el tráfico orgánico a tu sitio.

2. Marketing de contenidos: El marketing de contenidos te permite compartir información valiosa y relevante con tu audiencia, al mismo tiempo que posicionas tu marca como un líder en tu industria. Crea y comparte contenido de calidad, como blogs, artículos, infografías, videos y podcasts. Asegúrate de que tu contenido sea informativo, entretenido y útil para tu audiencia objetivo. Promociona tu contenido a través de tus canales de redes sociales, correo electrónico y otras plataformas relevantes.

3. Publicidad en línea: Utiliza la publicidad en línea para aumentar la visibilidad de tu marca y llegar a un público

más amplio. Puedes utilizar plataformas publicitarias como Google Ads, Facebook Ads, Instagram Ads y LinkedIn Ads para segmentar a tu audiencia y mostrar anuncios relevantes. Define tu presupuesto publicitario y crea anuncios atractivos que llamen la atención de tu público objetivo. Realiza un seguimiento de los resultados y ajusta tus estrategias según sea necesario.

4. Estrategias de redes sociales: Las redes sociales son una poderosa herramienta para promocionar tu marca y llegar a tu audiencia objetivo. Identifica las plataformas de redes sociales más relevantes para tu negocio y crea una estrategia de contenido efectiva. Comparte contenido interesante, interactúa con tu audiencia, utiliza hashtags relevantes y colabora con influencers o socios comerciales para amplificar tu alcance. Realiza un seguimiento de las métricas de las redes sociales para evaluar el rendimiento y realizar ajustes según sea necesario.

5. Marketing de influencia: El marketing de influencia implica asociarse con personas influyentes en tu industria para promocionar tu marca y llegar a su audiencia. Identifica a los influencers relevantes en tu nicho y establece relaciones con ellos. Colabora en campañas conjuntas, solicita reseñas o testimonios y aprovecha su influencia para aumentar la visibilidad de tu marca. El marketing de influencia puede ayudarte a llegar a un público más amplio y generar confianza en tu marca.

6. Participación en eventos y colaboraciones: Participa en eventos relevantes para tu industria, como conferencias,

ferias comerciales o webinars. Estos eventos te brindan la oportunidad de establecer contactos, compartir tu experiencia y promocionar tu marca. También considera colaborar con otras empresas o emprendedores complementarios en tu industria. Esto puede incluir colaboraciones en contenido, promociones conjuntas o patrocinios, lo que te permite llegar a una nueva audiencia y aumentar la visibilidad de tu marca.

Recuerda que la implementación de estas estrategias de marketing requiere un enfoque coherente y constante. No esperes resultados inmediatos, ya que el marketing es un proceso gradual que requiere tiempo para generar impacto. Aquí hay algunos consejos adicionales para aprovechar al máximo tus esfuerzos de marketing:

- Realiza un seguimiento y análisis de tus resultados: Utiliza herramientas de análisis y métricas para evaluar el rendimiento de tus estrategias de marketing. Esto te permitirá identificar qué tácticas están funcionando mejor y cuáles necesitan ajustes. Realiza un seguimiento de métricas como el tráfico del sitio web, la tasa de conversión, el compromiso en las redes sociales y las métricas de ventas. A partir de estos datos, podrás tomar decisiones informadas para optimizar tus estrategias de marketing.

- Aprende de tu competencia: Observa lo que están haciendo tus competidores exitosos en términos de marketing y aprende de ellos. Analiza sus estrategias, tácticas y mensajes clave. Esto te ayudará a identificar oportunidades y a desarrollar enfoques únicos para destacar en el mercado.

- Mantén una comunicación efectiva: Asegúrate de que tu mensaje de marketing sea claro, conciso y atractivo. Comunica los beneficios y el valor de tu producto o servicio de manera efectiva, y utiliza un lenguaje que resuene con tu audiencia. Mantén una comunicación coherente en todos los canales y materiales de marketing para reforzar tu marca.

- Aprovecha el poder del boca a boca: El boca a boca sigue siendo una de las formas más efectivas de marketing. Brinda un excelente servicio al cliente, supera las expectativas de tus clientes y solicita comentarios y reseñas. Fomenta la participación y el intercambio en las redes sociales y crea programas de referencia para incentivar a tus clientes actuales a recomendar tu negocio a otros.

- Sé adaptable y flexible: El mundo del marketing está en constante evolución, por lo que es importante estar dispuesto a adaptarte y ajustar tus estrategias según sea necesario. Mantente al tanto de las últimas tendencias y novedades en marketing y considera nuevas oportunidades y enfoques que puedan ser relevantes para tu negocio.

Recuerda que el marketing efectivo es una combinación de creatividad, estrategia y consistencia. Al implementar estas estrategias de marketing en tu planificación, podrás aumentar la visibilidad de tu marca, atraer a nuevos clientes y construir una base sólida para el éxito de tu emprendimiento.

Capítulo 7: Gestión eficiente del negocio

La gestión eficiente de tu negocio es fundamental para garantizar su éxito a largo plazo. En este capítulo, exploraremos las principales áreas de gestión que debes tener en cuenta para mantener tu emprendimiento en marcha de manera eficiente y efectiva. Aquí están algunas de las secciones clave que abordaremos:

7.1 Organización y estructura empresarial

En esta sección, discutiremos la importancia de establecer una estructura empresarial sólida y eficiente. Hablaremos sobre cómo definir roles y responsabilidades, establecer jerarquías claras y fomentar una cultura de trabajo colaborativa. También exploraremos diferentes modelos organizativos y cómo elegir el más adecuado para tu negocio.

7.2 Gestión del talento

El éxito de cualquier negocio depende en gran medida del talento y el desempeño de su equipo. En este apartado, analizaremos estrategias efectivas para reclutar, contratar y retener a los mejores profesionales. Hablaremos sobre la importancia de la capacitación y el desarrollo continuo, así como de la creación de un entorno laboral motivador y satisfactorio.

7.3 Gestión financiera

La gestión financiera sólida es esencial para el funcionamiento y el crecimiento de cualquier negocio. Aquí, abordaremos temas como la elaboración de presupuestos, la gestión de flujo de efectivo, el seguimiento de ingresos y gastos, y la planificación financiera a corto y largo plazo. También discutiremos la importancia de establecer sistemas de contabilidad precisos y confiables.

7.4 Gestión de operaciones

La gestión eficiente de las operaciones es clave para garantizar la entrega de productos y servicios de calidad a tus clientes. En esta sección, exploraremos estrategias para optimizar los procesos internos, mejorar la productividad y la eficiencia, y gestionar de manera efectiva la cadena de suministro. Hablaremos sobre la importancia de la tecnología y la automatización en la gestión de operaciones.

7.5 Gestión del servicio al cliente

El servicio al cliente excepcional es fundamental para fomentar la satisfacción y lealtad de los clientes. Aquí, analizaremos cómo establecer estándares de servicio al cliente, capacitar a tu equipo para brindar una atención de calidad y gestionar eficientemente las quejas y reclamaciones. También discutiremos estrategias para medir la satisfacción del cliente y obtener retroalimentación valiosa.

7.6 Innovación y adaptabilidad

En un entorno empresarial en constante cambio, la innovación y la adaptabilidad son clave para mantenerse competitivo. En esta sección, exploraremos cómo fomentar la innovación en tu negocio, desde el desarrollo de nuevos productos o servicios hasta la implementación de mejoras en los procesos existentes. También discutiremos la importancia de monitorear las tendencias del mercado y estar dispuesto a adaptarse a los cambios.

Recuerda que la gestión eficiente de tu negocio requiere una combinación de habilidades, conocimientos y toma de decisiones efectiva. Al abordar estos aspectos clave de la gestión en tu emprendimiento, estarás mejor preparado para enfrentar los desafíos y aprovechar las oportunidades que se presenten en el camino.

7.1 Administrando tus recursos y finanzas

Una gestión eficiente de tus recursos y finanzas es fundamental para el éxito y la estabilidad de tu negocio. En esta sección, exploraremos las mejores prácticas para administrar tus recursos y finanzas de manera efectiva. Aquí hay algunas áreas clave que abordaremos:

7.1.1 Presupuesto y planificación financiera

La creación de un presupuesto sólido es el primer paso para administrar tus finanzas de manera efectiva. En esta subsección, discutiremos cómo desarrollar un presupuesto detallado que abarque los gastos operativos, los costos de producción, los salarios, el marketing y la publicidad, entre otros. Hablaremos sobre la importancia de realizar un seguimiento regular de tus gastos y ajustar tu presupuesto según sea necesario. Además, exploraremos cómo realizar una planificación financiera a largo plazo para asegurar la viabilidad y el crecimiento sostenible de tu negocio.

7.1.2 Gestión de inventario y suministros

Una gestión adecuada del inventario y los suministros es esencial para evitar costos innecesarios y asegurar la disponibilidad de los productos o servicios que ofreces. En esta subsección, discutiremos cómo llevar un registro preciso de tu inventario, implementar sistemas de control y seguimiento, y establecer políticas de reabastecimiento. También hablaremos sobre la importancia de establecer relaciones sólidas con proveedores confiables y negociar acuerdos favorables.

7.1.3 Optimización de costos

La optimización de costos es una parte crucial de la gestión de recursos y finanzas. En esta subsección, exploraremos estrategias para reducir gastos innecesarios y maximizar la eficiencia. Discutiremos la importancia de realizar análisis de costos regulares, identificar áreas de gasto excesivo y buscar formas de reducir costos sin comprometer la calidad. También hablaremos sobre la posibilidad de establecer alianzas estratégicas y buscar oportunidades de negociación con proveedores.

7.1.4 Gestión del flujo de efectivo

El flujo de efectivo es el pulso financiero de tu negocio y su administración adecuada es fundamental. En esta subsección, discutiremos cómo mantener un flujo de efectivo saludable, asegurando que tus ingresos sean suficientes para cubrir tus gastos operativos. Hablaremos sobre la importancia de monitorear de cerca tus flujos de efectivo, establecer políticas de crédito sólidas, controlar los plazos de pago y tener reservas de efectivo para hacer frente a posibles eventualidades.

7.1.5 Gestión de riesgos financieros

La gestión de riesgos financieros es esencial para proteger la salud financiera de tu negocio. En esta subsección, exploraremos cómo identificar y evaluar los riesgos financieros a los que tu negocio puede estar expuesto, como la fluctuación de los precios de los insumos, la variación de los tipos de cambio o los cambios en las regulaciones fiscales. Discutiremos la importancia de establecer medidas de mitigación de riesgos, como la diversificación de proveedores o la contratación de seguros adecuados.

Recuerda que una administración efectiva de tus recursos y finanzas requiere disciplina, plan ificación y seguimiento constante. Al implementar las mejores prácticas en la administración de tus recursos y finanzas, estarás en una posición sólida para tomar decisiones informadas y estratégicas que impulsen el crecimiento y la rentabilidad de tu negocio.

Es importante tener en cuenta que la administración de recursos y finanzas no se trata solo de reducir costos, sino también de invertir de manera inteligente en áreas que generen valor y contribuyan al crecimiento de tu negocio. Al equilibrar la eficiencia con la inversión estratégica, podrás aprovechar al máximo tus recursos limitados y crear una base financiera sólida para el éxito a largo plazo.

En el próximo capítulo, exploraremos cómo construir relaciones sólidas con clientes y proveedores, así como estrategias para impulsar las ventas y aumentar la rentabilidad de tu negocio.

7.2 Contratación y formación de tu equipo

El equipo que construyas para tu negocio desempeñará un papel fundamental en su éxito. En esta sección, exploraremos las mejores prácticas para la contratación y formación de un equipo talentoso y comprometido. Aquí están algunas áreas clave que abordaremos:

7.2.1 Identificación de las necesidades de personal

Antes de comenzar el proceso de contratación, es importante identificar las necesidades específicas de tu negocio en términos de roles y habilidades requeridas. En esta subsección, discutiremos cómo evaluar las áreas en las que necesitas apoyo, ya sea en ventas, marketing, producción o administración. Hablaremos sobre la importancia de tener una visión clara de los roles y responsabilidades necesarios para alcanzar tus objetivos comerciales.

7.2.2 Desarrollo de una estrategia de contratación

Una estrategia de contratación efectiva te ayudará a atraer y seleccionar a los mejores candidatos para tu negocio. En esta subsección, exploraremos cómo desarrollar una estrategia de reclutamiento que incluya canales de reclutamiento adecuados, como plataformas en línea, redes profesionales y referencias personales. Discutiremos cómo redactar descripciones de trabajo claras y atractivas, y cómo llevar a cabo un proceso de selección riguroso y objetivo.

7.2.3 Entrevistas y selección de candidatos

Las entrevistas son una etapa crucial en el proceso de contratación, ya que te brindan la oportunidad de evaluar a los candidatos en persona. En esta subsección, hablaremos sobre cómo llevar a cabo entrevistas efectivas, hacer preguntas relevantes y evaluar las habilidades y competencias de los candidatos. Discutiremos la importancia de la comunicación y la capacidad de trabajo en equipo, así como la necesidad de realizar verificaciones de antecedentes y referencias.

7.2.4 Formación y desarrollo del equipo

Una vez que hayas seleccionado a tu equipo, es fundamental brindarles una formación adecuada y continua para que puedan cumplir con sus responsabilidades de manera efectiva. En esta subsección, exploraremos cómo diseñar programas de capacitación interna y externa, ofrecer oportunidades de desarrollo profesional y fomentar un ambiente de aprendizaje. Hablaremos sobre la importancia de establecer metas claras de desarrollo y proporcionar retroalimentación constructiva para el crecimiento y la motivación del equipo.

7.2.5 Gestión del desempeño y reconocimiento

La gestión del desempeño es esencial para asegurarte de que tu equipo esté cumpliendo con los objetivos y expectativas del negocio. En esta subsección, discutiremos cómo establecer indicadores clave de desempeño, realizar evaluaciones periódicas y proporcionar retroalimentación regular. Hablaremos sobre la importancia de reconocer y recompensar los logros del equipo, ya sea a través de incentivos financieros, reconocimientos públicos o oportunidades de crecimiento.

Recuerda que la construcción de un equipo sólido implica seleccionar a las personas adecuadas, brindarles el apoyo y la formación necesaria, y fomentar un ambiente de trabajo positivo y colaborativo.

7.3 Estableciendo sistemas y procesos eficientes

La eficiencia operativa es crucial para el éxito a largo plazo de tu negocio. En esta sección, exploraremos cómo establecer sistemas y procesos eficientes que te permitan optimizar tus operaciones y maximizar la productividad. Aquí están algunas áreas clave que abordaremos:

7.3.1 Análisis y mejora de procesos

El análisis y la mejora de procesos son fundamentales para identificar ineficiencias y encontrar formas de optimizar tus operaciones. En esta subsección, discutiremos cómo llevar a cabo un análisis exhaustivo de tus procesos empresariales, identificar cuellos de botella y áreas de mejora, y utilizar herramientas como el mapeo de procesos para visualizar y optimizar tus flujos de trabajo. Hablaremos sobre la importancia de involucrar a tu equipo en este proceso y fomentar una cultura de mejora continua.

7.3.2 Implementación de sistemas tecnológicos

La tecnología puede ser una herramienta poderosa para mejorar la eficiencia y la productividad en tu negocio. En esta subsección, exploraremos cómo seleccionar e implementar sistemas y software adecuados para tus necesidades empresariales, como sistemas de gestión de inventario, herramientas de colaboración en línea y plataformas de seguimiento de proyectos. Discutiremos los beneficios de la automatización de tareas repetitivas y cómo la tecnología puede agilizar tus procesos y liberar tiempo para tareas de mayor valor.

7.3.3 Definición de roles y responsabilidades

Una clara definición de roles y responsabilidades es esencial para evitar confusiones y asegurar que cada miembro de tu equipo sepa exactamente qué se espera de ellos. En esta subsección, discutiremos cómo establecer descripciones de trabajo claras y detalladas, asignar responsabilidades específicas a cada miembro del equipo y fomentar una cultura de rendición de cuentas. Hablaremos sobre la importancia de la comunicación efectiva y el establecimiento de metas claras para garantizar un flujo de trabajo fluido y eficiente.

7.3.4 Gestión de la calidad y control de procesos

La gestión de la calidad es fundamental para mantener altos estándares en tus productos o servicios. En esta subsección, exploraremos cómo establecer controles de calidad efectivos, realizar inspecciones regulares y establecer protocolos de retroalimentación y mejora. Discutiremos la importancia de involucrar a tu equipo en el control de calidad y fomentar una cultura de excelencia y mejora continua.

7.3.5 Monitoreo y seguimiento de resultados

El monitoreo y seguimiento de resultados te permitirá evaluar el desempeño de tu negocio y realizar ajustes cuando sea necesario. En esta subsección, discutiremos cómo establecer indicadores clave de rendimiento (KPI) relevantes para tu negocio, realizar análisis de datos y utilizar herramientas de informes para tomar decisiones informadas. Hablaremos sobre la importancia de establecer un sistema de retroalimentación regular y utilizar los resultados obtenidos para mejorar tus sistemas y procesos.

Recuerda que establecer sistemas y procesos eficientes es una inversión a largo plazo que te permitirá ahorrar tiempo, recursos y mejorar la calidad de tus productos o servicios. Al priorizar la eficiencia operativa, estarás posicionando a tu negocio en un camino hacia el crecimiento sostenible y la excelencia en todas las áreas.

En el próximo capítulo, abordaremos la importancia de la atención al cliente y cómo brindar un servicio excepcional que genere lealtad y fomenta el boca a boca positivo. También exploraremos estrategias para la gestión efectiva del tiempo y el equilibrio entre el trabajo y la vida personal, asegurándonos de mantener una salud emocional y física óptima en el camino hacia el éxito empresarial.

7.4 Desarrollando habilidades de liderazgo y toma de decisiones

Como emprendedor, tu capacidad para liderar y tomar decisiones efectivas es fundamental para el éxito de tu negocio. En esta sección, exploraremos cómo desarrollar habilidades de liderazgo sólidas y mejorar tu capacidad para tomar decisiones informadas y estratégicas. Aquí están algunas áreas clave que abordaremos:

7.4.1 Identificación de tu estilo de liderazgo

Cada líder tiene su propio estilo de liderazgo único. En esta subsección, discutiremos los diferentes estilos de liderazgo y cómo identificar el enfoque que mejor se adapte a tu personalidad y visión empresarial. Hablaremos sobre la importancia de la autenticidad y la coherencia en el liderazgo, y cómo aprovechar tus fortalezas y habilidades para motivar y guiar a tu equipo.

7.4.2 Desarrollo de habilidades de comunicación efectiva

La comunicación efectiva es una habilidad clave para cualquier líder. En esta subsección, exploraremos cómo mejorar tus habilidades de comunicación verbal y no verbal, aprender a escuchar activamente y aclarar expectativas de manera clara y concisa. Discutiremos la importancia de la comunicación abierta y transparente en el equipo, así como el manejo de conflictos y la resolución de problemas a través de la comunicación efectiva.

7.4.3 Delegación y empoderamiento del equipo

La capacidad de delegar tareas y empoderar a tu equipo es esencial para liberar tiempo y recursos, y permitir que tu negocio crezca. En esta subsección, hablaremos sobre cómo identificar las fortalezas individuales de tu equipo, asignar responsabilidades de manera efectiva y fomentar un ambiente de confianza y autonomía. Discutiremos la importancia de establecer claras líneas de comunicación y ofrecer apoyo y recursos a tu equipo para que puedan cumplir con sus responsabilidades de manera efectiva.

7.4.4 Toma de decisiones informadas

La toma de decisiones es una habilidad crítica para un líder exitoso. En esta subsección, exploraremos técnicas y estrategias para tomar decisiones informadas y estratégicas. Discutiremos la importancia de recopilar y analizar datos relevantes, considerar diferentes perspectivas y evaluar los posibles riesgos y beneficios antes de tomar una decisión. Hablaremos sobre cómo manejar la incertidumbre y la presión, y cómo aprender de los errores y ajustar tu enfoque según sea necesario.

7.4.5 Desarrollo personal y liderazgo a largo plazo

El desarrollo personal y el crecimiento continuo son fundamentales para convertirte en un líder efectivo y sostenible. En esta subsección, exploraremos estrategias para el desarrollo de habilidades de liderazgo a largo plazo, como la educación continua, la participación en redes profesionales y la búsqueda de mentores. Hablaremos sobre la importancia de la autorreflexión, el establecimiento de metas personales y profesionales, y el equilibrio entre el crecimiento del negocio y tu desarrollo personal.

Recuerda que el liderazgo efectivo y la toma de decisiones sólidas son fundamentales para el crecimiento y el éxito sostenible de tu negocio.

Capítulo 8: Superando los desafíos del emprendimiento

El camino del emprendimiento está lleno de desafíos y obstáculos que debes superar para alcanzar el éxito. En este capítulo, exploraremos los desafíos comunes a los que te enfrentarás como emprendedor y proporcionaremos estrategias efectivas para superarlos. Aquí están algunas áreas clave que abordaremos:

8.1 Manejando la incertidumbre

La incertidumbre es una parte inherente del emprendimiento. En esta sección, discutiremos cómo enfrentar la incertidumbre de manera efectiva, manteniendo la calma y la perspectiva incluso en situaciones difíciles. Hablaremos sobre la importancia de la planificación estratégica, la flexibilidad y la capacidad de adaptación para enfrentar los cambios inesperados. Exploraremos técnicas para gestionar el estrés y mantener una mentalidad positiva a lo largo del viaje emprendedor.

8.2 Superando el miedo al fracaso

El miedo al fracaso es un desafío común que enfrentan muchos emprendedores. En esta subsección, exploraremos estrategias para superar el miedo al fracaso y mantener una mentalidad resiliente. Hablaremos sobre la importancia de cambiar la percepción del fracaso, viéndolo como una oportunidad de aprendizaje y crecimiento. Discutiremos cómo establecer metas realistas, tomar medidas para minimizar los riesgos y desarrollar la confianza en ti mismo y en tus habilidades.

8.3 Manejando la presión y el agotamiento

El emprendimiento puede ser exigente y agotador. En esta sección, exploraremos cómo manejar la presión y el agotamiento de manera efectiva. Discutiremos la importancia de establecer límites saludables, tanto en términos de tiempo como de energía. Hablaremos sobre cómo equilibrar el trabajo y la vida personal, priorizar el autocuidado y buscar el apoyo de un sistema de apoyo sólido. Exploraremos técnicas de gestión del tiempo y el estrés, como la delegación, la organización y la práctica de actividades que te brinden alegría y relajación.

8.4 Superando los obstáculos financieros

Los desafíos financieros son una realidad en el mundo del emprendimiento. En esta subsección, discutiremos estrategias para superar los obstáculos financieros y administrar tus recursos de manera efectiva. Hablaremos sobre cómo buscar fuentes de financiamiento adicionales, como inversionistas, préstamos o programas de subsidios. Exploraremos técnicas de gestión financiera, como la elaboración de presupuestos, el monitoreo de ingresos y gastos, y la búsqueda de oportunidades para reducir costos y maximizar la eficiencia.

8.5 Manteniendo la motivación y la pasión

La motivación y la pasión son fundamentales para mantener el impulso en el camino del emprendimiento. En esta subsección, exploraremos cómo mantener alta tu motivación y alimentar tu pasión por tu negocio.

Hablaremos sobre la importancia de establecer metas claras y significativas, celebrar los logros a lo largo del camino y rodearte de personas inspiradoras. Discutiremos técnicas para superar los momentos de desánimo y mantener una mental idad positiva, como practicar la gratitud, buscar inspiración en modelos a seguir y recordar tu propósito y visión empresarial.

8.6 Construyendo resiliencia

La resiliencia es una habilidad crucial para superar los desafíos del emprendimiento. En esta subsección, exploraremos cómo desarrollar y fortalecer tu resiliencia. Discutiremos la importancia de desarrollar una mentalidad resiliente, cultivar la capacidad de adaptación y aprender a aprender de los fracasos y los obstáculos. Hablaremos sobre la importancia de mantener una actitud positiva y de enfrentar los desafíos con determinación y perseverancia.

8.7 Buscando apoyo y colaboración

No tienes que enfrentar los desafíos del emprendimiento solo. En esta sección, exploraremos la importancia de buscar apoyo y colaboración. Discutiremos cómo construir una red de mentores y profesionales que puedan brindarte orientación y apoyo. Hablaremos sobre la importancia de rodearte de personas que compartan tus valores y te inspiren a crecer. Además, exploraremos oportunidades de colaboración con otros emprendedores y organizaciones para maximizar el potencial de tu negocio.

Recuerda, enfrentar los desafíos del emprendimiento requiere determinación, resiliencia y una mentalidad positiva. A través de estrategias efectivas y la búsqueda de apoyo adecuado, puedes superar cualquier obstáculo que se presente en tu camino hacia el éxito empresarial. En el próximo capítulo, exploraremos cómo mantener el crecimiento y la evolución continua de tu negocio para asegurar su éxito a largo plazo.

8.1 Manejando la incertidumbre y el fracaso

El mundo del emprendimiento está lleno de incertidumbre. No importa cuánto planifiques y te prepares, siempre habrá elementos impredecibles y situaciones que escapan a tu control. En este sentido, es esencial desarrollar habilidades para manejar la incertidumbre de manera efectiva.

En primer lugar, es importante reconocer que la incertidumbre es una parte natural del proceso emprendedor. Acepta que no puedes prever ni controlar todos los resultados, y en lugar de ello, enfócate en adaptarte y responder de manera ágil a los cambios que surjan en tu camino. Mantén la mente abierta y flexible, dispuesto a ajustar tu enfoque y estrategia según las circunstancias.

Una estrategia efectiva para manejar la incertidumbre es establecer planes alternativos o planes de contingencia. A medida que elaboras tu plan de negocios, considera diferentes escenarios posibles y desarrolla estrategias para cada uno de ellos. De esta manera, estarás preparado para enfrentar diferentes situaciones y tomar decisiones informadas en momentos de incertidumbre.

El fracaso también es una realidad en el mundo del emprendimiento, y es importante saber cómo manejarlo adecuadamente. En lugar de temer al fracaso, abrázalo como una oportunidad de aprendizaje. Reconoce que los fracasos son lecciones valiosas que te permiten crecer, ajustar tu enfoque y mejorar en el futuro.

Cuando enfrentes un fracaso, tómate el tiempo necesario para reflexionar sobre lo sucedido. Analiza las causas y los factores que contribuyeron al resultado negativo y busca lecciones aprendidas. Aprende a separar el fracaso de tu autoestima y confía en tus habilidades y capacidades para superarlo.

Además, rodearte de una red de apoyo sólida es fundamental para manejar la incertidumbre y el fracaso. Busca mentores, coaches o emprendedores con experiencia que puedan brindarte orientación y apoyo emocional. Comparte tus experiencias y desafíos con otros emprendedores y encuentra consuelo en saber que no estás solo en este viaje.

Recuerda que el camino del emprendimiento está lleno de altibajos, y es la forma en que manejas la incertidumbre y el fracaso lo que realmente define tu capacidad para triunfar. Mantén una mentalidad positiva, aprende de tus errores y persevera incluso en momentos difíciles. Al final, cada obstáculo superado te acerca más a la realización de tu visión emprendedora.

8.2 Manteniendo la motivación y la disciplina

Mantener la motivación y la disciplina es esencial para alcanzar el éxito en el emprendimiento. A lo largo de tu camino como emprendedor, te enfrentarás a desafíos, obstáculos y momentos de duda. En esta sección, exploraremos estrategias efectivas para mantener tu motivación y disciplina en alto.

En primer lugar, es importante tener claridad sobre tus metas y objetivos. Define tu visión empresarial y desglosa tus metas en objetivos más pequeños y alcanzables. Visualiza el éxito que deseas lograr y mantén esa imagen en mente en todo momento. Esto te ayudará a mantener tu motivación y te recordará por qué estás persiguiendo tu sueño emprendedor.

La automotivación es fundamental. Desarrolla rutinas y hábitos que te ayuden a mantener tu motivación en un nivel constante. Establece un horario de trabajo estructurado y cúmplelo, incluso cuando no te sientas motivado. Encuentra formas de motivarte a ti mismo, ya sea a través de la música, la lectura de libros inspiradores o rodeándote de personas positivas y motivadas.

Además, mantén una mentalidad positiva y practica la gratitud. Reconoce tus logros y celebra cada paso adelante, por pequeño que sea. Enfócate en lo que puedes controlar y aprende a superar las dificultades con una actitud positiva y resiliente. Recuerda que los desafíos son oportunidades de crecimiento y aprendizaje.

La disciplina es clave para mantener el enfoque y la productividad en tu negocio. Establece metas diarias, semanales y mensuales, y trabaja en ellas de manera consistente. Evita las distracciones y establece límites claros entre tu vida personal y tu vida empresarial. Establece reglas y pautas para ti mismo, y respétalas.

Además, busca fuentes de inspiración y apoyo. Mantente conectado con otros emprendedores a través de redes sociales, grupos de networking o comunidades en línea. Comparte tus desafíos y éxitos con ellos, y busca su orientación cuando lo necesites. También puedes considerar buscar un mentor que pueda brindarte apoyo y guía a lo largo de tu viaje emprendedor.

Recuerda que la motivación y la disciplina son hábitos que se deben cultivar constantemente. Mantén tu visión clara, establece metas alcanzables y mantente disciplinado en tu enfoque. Con una mentalidad positiva, perseverancia y un compromiso constante, estarás en el camino correcto para alcanzar el éxito en tu emprendimiento.

8.3 Enfrentando obstáculos y resolviendo problemas

En el camino del emprendimiento, inevitablemente te encontrarás con obstáculos y desafíos. La capacidad para enfrentarlos y resolver problemas de manera efectiva es crucial para el éxito de tu negocio. En esta sección, exploraremos estrategias para enfrentar los obstáculos y superarlos de manera proactiva.

En primer lugar, es importante tener una mentalidad resiliente. Acepta que los obstáculos son parte natural del proceso y que cada desafío presenta una oportunidad para crecer y aprender. Mantén una actitud positiva y enfócate en encontrar soluciones en lugar de enfocarte en los problemas en sí.

Cuando te encuentres con un obstáculo, tómate un momento para analizarlo en detalle. Identifica la causa raíz del problema y desglosa el desafío en componentes más manejables. Esto te permitirá abordar cada problema de manera estructurada y eficiente.

Busca diferentes perspectivas y considera diferentes enfoques para resolver el problema. No tengas miedo de pedir ayuda y buscar el consejo de expertos o personas con experiencia en situaciones similares. A veces, una nueva perspectiva puede abrir nuevas soluciones y enfoques que no habías considerado antes.

Además, mantén la calma y evita tomar decisiones impulsivas bajo presión. Tómate el tiempo necesario para evaluar todas las opciones y considera las posibles consecuencias de cada una. Prioriza tus acciones y enfoque en las soluciones que te acerquen más a tus objetivos a largo plazo.

La capacidad de adaptación es fundamental cuando se enfrentan obstáculos. Prepárate para ajustar tu plan y cambiar de dirección si es necesario. A veces, es posible que debas pivotar tu modelo de negocio o explorar nuevas oportunidades. Mantén una mente abierta y sé flexible en tu enfoque.

Aprovecha la experiencia adquirida en el pasado para superar los obstáculos. Reflexiona sobre desafíos anteriores y cómo los resolviste. Utiliza ese conocimiento para abordar los obstáculos actuales con mayor confianza y eficacia.

Recuerda que los obstáculos son oportunidades de crecimiento y desarrollo. No te desanimes por los contratiempos, sino más bien, ve cada obstáculo como una oportunidad para fortalecer tu negocio y mejorar tus habilidades como emprendedor.

Al final del día, tu actitud y enfoque determinarán tu capacidad para enfrentar y superar los obstáculos en tu camino. Mantén una mentalidad positiva, busca soluciones creativas y aprende de cada desafío que encuentres. Con resiliencia y determinación, podrás superar cualquier obstáculo y seguir avanzando hacia el éxito en tu emprendimiento.

8.4 Cuidando tu bienestar personal y evitando el agotamiento

Como emprendedor, es fácil caer en la trampa de trabajar sin descanso, descuidando tu propio bienestar en aras de hacer crecer tu negocio. Sin embargo, es fundamental reconocer la importancia de cuidar tu salud y evitar el agotamiento. En esta sección, exploraremos estrategias para mantener un equilibrio saludable y cuidar tu bienestar personal.

En primer lugar, es esencial establecer límites claros entre tu vida personal y tu vida empresarial. Define horarios de trabajo específicos y asegúrate de respetarlos. Dedica tiempo a actividades y relaciones que te brinden alegría y satisfacción fuera del ámbito laboral. Establecer este equilibrio te ayudará a recargar energías y mantener una perspectiva saludable.

Además, no subestimes el poder del autocuidado. Dedica tiempo regularmente para cuidar tu cuerpo y mente. Prioriza el descanso adecuado, una alimentación saludable y la actividad física. El ejercicio regular y la práctica de técnicas de relajación, como la meditación o el yoga, pueden ayudarte a reducir el estrés y mantener un estado mental equilibrado.

Aprende a delegar y buscar apoyo cuando sea necesario. Reconoce tus fortalezas y debilidades, y confía en otros para ayudarte en áreas donde puedan aportar valor. No intentes hacerlo todo por ti mismo, ya que esto puede llevar al agotamiento y a la disminución de la calidad de tu trabajo.

Además, establece límites y di "no" cuando sea necesario. Aprende a priorizar tus tareas y decir "no" a compromisos que no estén alineados con tus objetivos o que puedan sobrecargarte. A veces, es necesario establecer límites saludables para proteger tu tiempo y energía.

Mantén una red de apoyo sólida. Busca conexiones con otros emprendedores y profesionales que puedan comprender tus desafíos y brindarte apoyo emocional. Participa en comunidades empresariales, asiste a eventos y conferencias donde puedas conectarte con personas afines. Comparte tus experiencias y aprende de los demás.

Por último, recuerda que tu bienestar personal es fundamental para el éxito a largo plazo de tu negocio. Si te encuentras luchando contra el agotamiento o experimentando altos niveles de estrés, tómate el tiempo necesario para evaluar y ajustar tus prioridades. No tengas miedo de buscar ayuda profesional si es necesario.

Cuidar tu bienestar personal no solo te beneficiará a ti, sino que también tendrá un impacto positivo en tu negocio. Un emprendedor saludable y equilibrado está mejor equipado para tomar decisiones acertadas, mantener la creatividad y la motivación, y enfrentar los desafíos con una mentalidad clara.

Recuerda que eres la parte más valiosa de tu negocio, y cuidar de ti mismo debe ser una prioridad. Tu bienestar personal es un activo invaluable para el éxito de tu emprendimiento.

8.4 Cuidando tu bienestar personal y evitando el agotamiento

Como emprendedor, es fácil caer en la trampa de trabajar sin descanso, descuidando tu propio bienestar en aras de hacer crecer tu negocio. Sin embargo, es fundamental reconocer la importancia de cuidar tu salud y evitar el agotamiento. En esta sección, exploraremos estrategias para mantener un equilibrio saludable y cuidar tu bienestar personal.

En primer lugar, es esencial establecer límites claros entre tu vida personal y tu vida empresarial. Define horarios de trabajo específicos y asegúrate de respetarlos. Dedica tiempo a actividades y relaciones que te brinden alegría y satisfacción fuera del ámbito laboral. Establecer este equilibrio te ayudará a recargar energías y mantener una perspectiva saludable.

Además, no subestimes el poder del autocuidado. Dedica tiempo regularmente para cuidar tu cuerpo y mente. Prioriza el descanso adecuado, una alimentación saludable y la actividad física. El ejercicio regular y la práctica de técnicas de relajación, como la meditación o el yoga, pueden ayudarte a reducir el estrés y mantener un estado mental equilibrado.

Aprende a delegar y buscar apoyo cuando sea necesario. Reconoce tus fortalezas y debilidades, y confía en otros para ayudarte en áreas donde puedan aportar valor. No intentes hacerlo todo por ti mismo, ya que esto puede llevar al agotamiento y a la disminución de la calidad de tu trabajo.

Además, establece límites y di "no" cuando sea necesario. Aprende a priorizar tus tareas y decir "no" a compromisos que no estén alineados con tus objetivos o que puedan sobrecargarte. A veces, es necesario establecer límites saludables para proteger tu tiempo y energía.

Mantén una red de apoyo sólida. Busca conexiones con otros emprendedores y profesionales que puedan comprender tus desafíos y brindarte apoyo emocional. Participa en comunidades empresariales, asiste a eventos y conferencias donde puedas conectarte con personas afines. Comparte tus experiencias y aprende de los demás.

Por último, recuerda que tu bienestar personal es fundamental para el éxito a largo plazo de tu negocio. Si te encuentras luchando contra el agotamiento o experimentando altos niveles de estrés, tómate el tiempo necesario para evaluar y ajustar tus prioridades. No tengas miedo de buscar ayuda profesional si es necesario.

Cuidar tu bienestar personal no solo te beneficiará a ti, sino que también tendrá un impacto positivo en tu negocio. Un emprendedor saludable y equilibrado está mejor equipado para tomar decisiones acertadas, mantener la creatividad y la motivación, y enfrentar los desafíos con una mentalidad clara.

Recuerda que eres la parte más valiosa de tu negocio, y cuidar de ti mismo debe ser una prioridad. Tu bienestar personal es un activo invaluable para el éxito de tu emprendimiento.

Capítulo 9: Creciendo y escalando tu negocio

El crecimiento y la escalabilidad son aspectos cruciales para el éxito sostenible de tu negocio. En este capítulo, exploraremos las estrategias y consideraciones clave para impulsar el crecimiento y expandir tu negocio de manera efectiva.

9.1 Evalúa tu modelo de negocio y estrategias actuales

Antes de embarcarte en el proceso de crecimiento, es fundamental evaluar tu modelo de negocio y las estrategias que has estado implementando hasta ahora. Analiza qué ha funcionado bien y qué áreas pueden mejorarse. Considera si tu modelo de negocio es escalable y si está preparado para el crecimiento a largo plazo. Realiza un análisis exhaustivo del mercado y mantente al tanto de las tendencias y cambios en tu industria.

9.2 Identifica oportunidades de crecimiento

Identifica nuevas oportunidades de crecimiento y expansión en tu mercado. Examina las necesidades y deseos de tus clientes actuales y potenciales, y busca formas de ampliar tu oferta de productos o servicios. Puedes considerar la posibilidad de diversificar tu línea de productos, ingresar a nuevos segmentos de mercado o explorar la expansión geográfica. Mantén un enfoque constante en la innovación y la adaptación a las demandas cambiantes del mercado.

9.3 Desarrolla una estrategia de marketing y ventas efectiva

A medida que tu negocio crece, es crucial contar con una estrategia de marketing y ventas sólida para captar nuevos clientes y aumentar tus ventas. Identifica los canales de marketing más efectivos para llegar a tu público objetivo y desarrolla campañas que generen interés y demanda por tus productos o servicios. Además, enfócate en fortalecer tus habilidades de ventas y establecer relaciones duraderas con tus clientes.

9.4 Expande tu equipo y delega responsabilidades

A medida que tu negocio crece, es probable que necesites ampliar tu equipo para manejar la carga de trabajo adicional. Evalúa tus necesidades de personal y contrata a profesionales con habilidades complementarias que impulsen el crecimiento de tu empresa. Asegúrate de delegar responsabilidades de manera efectiva, permitiendo que tu equipo se encargue de tareas específicas y liberes tu tiempo para enfocarte en la estrategia y la toma de decisiones estratégicas.

9.5 Establece sistemas y procesos eficientes

Con el crecimiento de tu negocio, es fundamental establecer sistemas y procesos eficientes para gestionar de manera efectiva las operaciones en expansión. Automatiza tareas rutinarias cuando sea posible, implementa herramientas tecnológicas adecuadas y asegúrate de contar con flujos de trabajo bien definidos. Esto ayudará a optimizar la eficiencia y a mantener la calidad de tus productos o servicios a medida que creces.

9.6 Gestiona tus recursos financieros de manera inteligente

El crecimiento de tu negocio requerirá una gestión inteligente de tus recursos financieros. Realiza un seguimiento riguroso de tus ingresos y gastos, y asegúrate de contar con un flujo de efectivo adecuado para respaldar tu crecimiento. Considera opciones de financiamiento si es necesario, como préstamos o inversionistas, pero hazlo de manera estratégica y prudente. Mantén una visión clara de tus metas financieras y busca formas de maximizar 9.7 Monitorea y evalúa tu crecimiento

A medida que tu negocio crece, es fundamental monitorear y evaluar tu progreso. Establece métricas y objetivos claros para medir el crecimiento y el rendimiento de tu negocio. Utiliza herramientas y sistemas de seguimiento para recopilar datos relevantes y obtener información sobre el desempeño de tu empresa.

Realiza análisis periódicos de tu crecimiento y evalúa los resultados en comparación con tus metas establecidas. Identifica áreas en las que puedes mejorar y realiza ajustes en tu estrategia si es necesario. Estar atento a los indicadores clave te permitirá tomar decisiones informadas y oportunas para impulsar aún más el crecimiento de tu negocio.

9.8 Explora oportunidades de expansión y escalabilidad

Una vez que hayas logrado un crecimiento sólido, es el momento de considerar oportunidades de expansión y escalabilidad. Puedes explorar la posibilidad de abrir nuevas ubicaciones, ampliar tu presencia en línea o buscar alianzas estratégicas con otras empresas del mismo sector. Evalúa cuidadosamente estas oportunidades y asegúrate de que estén alineadas con tu visión y objetivos a largo plazo.

Además, es importante tener en cuenta la capacidad de escalabilidad de tu negocio. Evalúa si tus procesos, recursos y estructura organizativa pueden adaptarse al crecimiento continuo sin comprometer la calidad y la eficiencia. Considera si es necesario realizar inversiones adicionales en infraestructura o tecnología para respaldar la expansión y escalabilidad de tu negocio.

9.9 Mantén el enfoque en la innovación y la adaptación

Para mantener un crecimiento sostenible, es esencial mantener el enfoque en la innovación y la adaptación continua. Mantente actualizado sobre las últimas tendencias y avances en tu industria y busca formas de incorporar nuevas ideas y enfoques en tu negocio. Fomenta una cultura de innovación entre tu equipo y alienta la generación de ideas y soluciones creativas.

Además, mantente abierto a ajustar tu estrategia a medida que el entorno empresarial evoluciona. El mercado puede cambiar rápidamente, por lo que es importante ser flexible y adaptarse a las nuevas circunstancias. Estar dispuesto a asumir riesgos calculados y aprender de los errores te permitirá mantener una ventaja competitiva y seguir creciendo en el mercado.

En el capítulo de Crecimiento y Escalabilidad, exploramos las estrategias y consideraciones clave para llevar tu negocio al siguiente nivel. Desde evaluar tu modelo de negocio y buscar oportunidades de crecimiento hasta establecer sistemas eficientes y mantener un enfoque en la innovación, este capítulo te proporciona las herramientas necesarias para impulsar el crecimiento sostenible de tu empresa. Recuerda que el crecimiento exitoso requiere un enfoque estratégico, un compromiso con la mejora continua y la capacidad de adaptarse a un entorno empresarial en constante cambio.

9.1 Identificando oportunidades de crecimiento

Identificar oportunidades de crecimiento es un paso crucial para llevar tu negocio al siguiente nivel. En este apartado, exploraremos diferentes enfoques para encontrar oportunidades que impulsen el crecimiento y la expansión de tu empresa.

1. Analiza tu mercado actual: Comienza por comprender a fondo tu mercado actual. Realiza un análisis de la industria en la que te encuentras, identificando las tendencias y las necesidades insatisfechas de los clientes. Examina a tus competidores directos e indirectos para identificar brechas o áreas en las que puedas diferenciarte.

2. Escucha a tus clientes: Tus clientes son una fuente invaluable de información. Realiza encuestas, entrevistas o grupos de enfoque para comprender sus necesidades, deseos y desafíos. Presta atención a sus comentarios y sugerencias, ya que pueden proporcionarte ideas valiosas sobre nuevos productos o servicios que puedas ofrecer.

3. Observa las tendencias del mercado: Mantente actualizado sobre las tendencias emergentes en tu industria. Observa los cambios demográficos, tecnológicos y sociales que podrían abrir nuevas oportunidades. Por ejemplo, si hay una creciente demanda por productos o servicios relacionados con la sostenibilidad, puedes considerar cómo adaptar o expandir tu oferta para aprovechar esa tendencia.

4. Explora nuevos segmentos de mercado: Analiza la posibilidad de ingresar a nuevos segmentos de mercado. Evalúa si existe demanda para tu oferta en otros grupos demográficos o industrias relacionadas. Por ejemplo, si tu negocio se centra en la venta de productos para bebés, podrías considerar expandirte hacia productos para niños pequeños o madres embarazadas.

5. Diversifica tu oferta de productos o servicios: Examina la posibilidad de ampliar tu línea de productos o servicios. Identifica las necesidades complementarias de tus clientes y considera cómo puedes satisfacerlas. Esto puede implicar la adición de nuevos productos o servicios relacionados, o la personalización de tu oferta existente para atender diferentes segmentos de mercado.

6. Explora la expansión geográfica: Si tu negocio se limita a un área geográfica específica, evalúa la posibilidad de expandirte a nuevos mercados geográficos. Investiga la demanda y las oportunidades en otras regiones o países, y considera cómo adaptar tu oferta para satisfacer las necesidades de esos mercados.

7. Considera alianzas estratégicas: Explora la posibilidad de establecer alianzas estratégicas con otras empresas. Esto puede incluir colaboraciones, acuerdos de distribución o asociaciones en proyectos conjuntos. Las alianzas estratégicas pueden brindarte acceso a nuevos mercados, recursos o capacidades que impulsen el crecimiento de tu negocio.

Recuerda que identificar oportunidades de crecimiento requiere un análisis exhaustivo y una comprensión profunda de tu mercado y tus clientes. Mantente abierto a la experimentación y la innovación, y busca oportunidades que sean consistentes con tu visión y capacidad para satisfacer las necesidades del mercado.

9.2 Expandiendo tu oferta de productos o servicios

Expandir tu oferta de productos o servicios es una estrategia efectiva para impulsar el crecimiento de tu negocio. Al ampliar y diversificar lo que ofreces, puedes atraer a nuevos clientes, aumentar la retención de clientes existentes y generar fuentes adicionales de ingresos. A continuación, exploraremos algunas estrategias para expandir tu oferta:

1. Desarrolla nuevos productos o servicios: Identifica oportunidades para crear y lanzar nuevos productos o servicios que complementen tu oferta existente. Examina las necesidades y deseos de tus clientes y considera cómo puedes satisfacerlos de manera única. Realiza investigaciones de mercado, encuestas y pruebas de concepto para validar la viabilidad de tus ideas y garantizar que estén alineadas con las demandas del mercado.

2. Mejora y actualiza tu oferta actual: Revisa tu oferta actual y busca formas de mejorarla. Considera cómo puedes agregar valor o hacer mejoras significativas en tus productos o servicios existentes. Puedes incorporar características nuevas o mejoradas, optimizar la calidad o

el rendimiento, o agregar opciones de personalización para adaptarte a las preferencias individuales de tus clientes.

3. Amplía tu rango de precios: Evalúa la posibilidad de ofrecer productos o servicios en diferentes rangos de precios para atraer a una base más amplia de clientes. Puedes introducir versiones de gama alta de tus productos o servicios existentes para aquellos que buscan una mayor calidad o características adicionales. Al mismo tiempo, considera la opción de ofrecer productos o servicios más asequibles o con opciones de pago flexibles para captar a clientes que buscan opciones más económicas.

4. Considera la personalización: La personalización se ha convertido en una tendencia importante en muchos sectores. Examina si puedes ofrecer opciones de personalización en tus productos o servicios para adaptarlos a las preferencias individuales de tus clientes. Esto puede incluir la posibilidad de elegir colores, tamaños, características o configuraciones específicas que satisfagan las necesidades únicas de cada cliente.

5. Explora alianzas o colaboraciones: Considera la posibilidad de asociarte con otras empresas o profesionales para ampliar tu oferta. Puedes colaborar con proveedores complementarios para crear paquetes o soluciones conjuntas, o incluso co-crear nuevos productos o servicios. Las alianzas estratégicas pueden brindarte

acceso a nuevos recursos, conocimientos especializados y una base de clientes ampliada.

6. Evalúa la posibilidad de franquiciar o licenciar tu negocio: Si tienes un modelo de negocio sólido y exitoso, puedes considerar la opción de franquiciar o licenciar tu negocio a otros emprendedores. Esto te permitirá expandir tu presencia geográfica sin tener que asumir directamente la responsabilidad de abrir y gestionar nuevas ubicaciones.

Recuerda que, al expandir tu oferta de productos o servicios, es importante asegurarte de que esté alineada con tu visión y propósito empresarial. Realiza un análisis exhaustivo de mercado, considera la viabilidad financiera y la capacidad operativa para ofrecer nuevos productos o servicios. Además, mantén una comunicación abierta con tus clientes para comprender sus necesidades cambiantes y adaptarte en consecuencia.

9.3 Planificando estratégicamente la expansión geográfica

La expansión geográfica es una estrategia emocionante para llevar tu negocio a nuevos mercados y aprovechar nuevas oportunidades de crecimiento. Sin embargo, es esencial planificar cuidadosamente esta expansión para minimizar riesgos y maximizar el éxito. Aquí te presento algunos pasos clave para planificar estratégicamente la expansión geográfica:

1. Investigación de mercado: Realiza una investigación exhaustiva del mercado objetivo al que te estás expandiendo. Comprende las características demográficas, culturales y económicas de la región, así como las tendencias y preferencias de los consumidores. Evalúa la demanda existente de tus productos o servicios y la competencia local. Esta investigación te ayudará a identificar las oportunidades y desafíos que enfrentarás en el nuevo mercado.

2. Análisis de viabilidad: Evalúa la viabilidad financiera y operativa de la expansión geográfica. Analiza los costos asociados con la apertura de nuevas ubicaciones, la contratación de personal local y la adaptación de tus operaciones para satisfacer las necesidades del nuevo mercado. Calcula los posibles ingresos y beneficios esperados, considerando factores como el tamaño del mercado, la competencia y los precios de venta. Realiza proyecciones financieras realistas para comprender el retorno de inversión esperado y el período de recuperación.

3. Desarrollo de un plan de entrada: Crea un plan detallado que establezca los pasos específicos para ingresar al nuevo mercado. Define los objetivos, metas y estrategias que guiarán tu expansión. Determina si es más adecuado establecer una sucursal física, asociarte con distribuidores locales o implementar una estrategia de comercio electrónico para llegar a los consumidores. Diseña un plan de marketing adaptado a las características del nuevo mercado, incluyendo estrategias de promoción y canales de distribución efectivos.

4. Establecimiento de alianzas locales: Considera la posibilidad de establecer alianzas estratégicas con socios locales. Estas alianzas pueden brindarte una comprensión más profunda del mercado local, acceso a una red de contactos establecida y una mayor aceptación por parte de los consumidores locales. Busca socios confiables y con experiencia que compartan tus valores y objetivos comerciales.

5. Adaptación a la cultura local: Reconoce la importancia de comprender y respetar la cultura y las normas locales. Adapta tu estrategia de marketing y comunicación para reflejar los valores y preferencias de los consumidores en el nuevo mercado. Considera los aspectos culturales, lingüísticos y de etiqueta al diseñar tus productos, mensajes publicitarios y estrategias de atención al cliente.

6. Gestión de logística y cadena de suministro: Asegúrate de tener una sólida infraestructura logística y una cadena de suministro eficiente para abastecer el nuevo mercado. Evalúa la disponibilidad y los costos de los proveedores locales, y considera la posibilidad de establecer almacenes o centros de distribución en ubicaciones estratégicas para optimizar la entrega de productos y servicios.

7. Monitoreo y ajuste continuo: Una vez que hayas ingresado al nuevo mercado, realiza un seguimiento constante y ajusta tu estrategia continuamente según los resultados y el feedback recibido. Mantente atento a los cambios en el entorno empresarial y en las preferencias

de los consumidores para adaptar tu enfoque y mantener tu ventaja competitiva. Realiza análisis periódicos de rendimiento y establece indicadores clave de desempeño para evaluar el éxito de tu expansión geográfica.

Recuerda que la expansión geográfica conlleva desafíos únicos, como las diferencias culturales, legales y de mercado. Sin embargo, también ofrece enormes oportunidades para aumentar tus ingresos, alcanzar nuevos clientes y diversificar tus fuentes de ingresos. Con una planificación estratégica adecuada y una ejecución sólida, puedes expandir con éxito tu negocio hacia nuevos horizontes geográficos.

En el próximo capítulo, exploraremos cómo mantener y fortalecer tu negocio en medio del crecimiento y la expansión. Descubriremos estrategias efectivas de gestión de recursos humanos, implementación de tecnología y optimización de procesos para asegurar la escalabilidad de tu negocio. ¡Prepárate para llevar tu emprendimiento al siguiente nivel!

9.4 Gestión del crecimiento y desarrollo sostenible

A medida que tu negocio experimenta un crecimiento exitoso, es fundamental gestionar ese crecimiento de manera sostenible y planificada. El objetivo es mantener un equilibrio entre el crecimiento continuo y la estabilidad operativa, asegurando la rentabilidad y la satisfacción de los clientes. En este sentido, la gestión del crecimiento y el desarrollo sostenible implica tomar decisiones estratégicas para expandirte de manera responsable. Aquí hay algunos aspectos clave a considerar:

1. Evaluación de la capacidad y recursos: Antes de embarcarte en un crecimiento adicional, es importante evaluar la capacidad interna de tu empresa. Considera si tienes los recursos, tanto financieros como humanos, para respaldar la expansión. Evalúa si tus sistemas y procesos actuales pueden manejar un aumento en la demanda y si necesitas invertir en tecnología, infraestructura o contratación de personal adicional.

2. Planificación financiera: El crecimiento implica inversiones financieras, por lo que es fundamental tener una planificación financiera sólida. Evalúa tus flujos de efectivo y establece un presupuesto realista para financiar el crecimiento. Considera diversas fuentes de financiamiento, como préstamos, inversores o reinversión de ganancias. Asegúrate de mantener un equilibrio entre el crecimiento y la salud financiera de tu negocio.

3. Desarrollo de capacidades internas: A medida que tu negocio crece, es posible que necesites desarrollar nuevas capacidades y habilidades internas. Evalúa si tu equipo actual tiene las habilidades necesarias para manejar el crecimiento o si es necesario contratar o capacitar a nuevos empleados. Fomenta la formación y el desarrollo profesional dentro de tu organización para asegurar que estén preparados para enfrentar los desafíos del crecimiento.

4. Mantenimiento de la cultura empresarial: A medida que tu negocio se expande, es importante mantener la cultura empresarial que te ha llevado al éxito. Reafirma los valores y principios fundamentales de tu empresa, y comunícalos de manera efectiva a medida que se integran nuevos empleados. La cultura empresarial sólida será clave para mantener la cohesión y la motivación a medida que creces.

5. Innovación y adaptabilidad: A medida que te expandes, el entorno empresarial y las necesidades de los clientes pueden cambiar. Es fundamental mantenerse ágil y adaptable, fomentando la innovación continua. Mantén una mentalidad abierta a nuevas ideas y oportunidades, y busca formas de mejorar y diversificar tus productos o servicios para satisfacer las demandas cambiantes del mercado.

6. Enfoque en la sostenibilidad: Asegúrate de que tu crecimiento sea sostenible tanto desde el punto de vista económico como ambiental. Considera prácticas comerciales responsables que minimicen el impacto ambiental y fomenten la responsabilidad social corporativa. Esto puede incluir la adopción de prácticas comerciales sostenibles, la búsqueda de proveedores éticos y el apoyo a causas sociales relevantes.

7. Monitoreo y ajuste continuo: A medida que creces y te desarrollas, es esencial monitorear constantemente el rendimiento y realizar ajustes cuando sea necesario. Establece indicadores clave de desempeño y realiza

análisis periódicos para evaluar el progreso de tu negocio en relación con los objetivos establecidos. Utiliza métricas y análisis de datos para identificar áreas de mejora y oportunidades de crecimiento. Realiza ajustes en tu estrategia y operaciones según sea necesario para optimizar el rendimiento y maximizar los resultados.

En resumen, la gestión del crecimiento y el desarrollo sostenible implica un enfoque estratégico y planificado para manejar el crecimiento de tu negocio de manera responsable y rentable. Evalúa tus capacidades, planifica financieramente, desarrolla habilidades internas, mantén la cultura empresarial, fomenta la innovación, prioriza la sostenibilidad y realiza un seguimiento constante del rendimiento. Con una gestión efectiva, podrás aprovechar las oportunidades de crecimiento y garantizar un desarrollo sostenible a largo plazo para tu negocio.

En el siguiente y último capítulo, exploraremos cómo mantener el éxito y la relevancia en un mundo empresarial en constante cambio. Discutiremos estrategias para la adaptación continua, la mejora constante y la búsqueda de nuevas oportunidades para mantener tu negocio en la cima. ¡Prepárate para cerrar el ciclo de tu viaje emprendedor con éxito!

Capítulo 10: El camino hacia el éxito y el legado

10.1 Definiendo el éxito personal y profesional

En este capítulo final, nos adentramos en el concepto de éxito y cómo puedes definirlo tanto a nivel personal como profesional. El éxito es una medida subjetiva y única para cada emprendedor. Es importante reflexionar sobre tus propios valores, metas y aspiraciones para determinar qué significa el éxito para ti. Puede estar relacionado con el logro de objetivos financieros, el impacto positivo en la sociedad, el equilibrio entre el trabajo y la vida personal, o el crecimiento personal y profesional.

10.2 Construyendo un legado duradero

Más allá del éxito individual, es fundamental pensar en el legado que deseas dejar como emprendedor. ¿Qué huella quieres dejar en tu industria, comunidad o en la vida de las personas? El legado puede tomar diferentes formas, desde crear una empresa sostenible que perdure en el tiempo, hasta influir en el desarrollo de otros emprendedores o contribuir a causas sociales importantes. Reflexiona sobre tus valores y cómo puedes alinear tu negocio con un propósito más amplio que trascienda tu propia carrera.

10.3 Continuando el aprendizaje y la evolución

El camino hacia el éxito y el legado no es estático, sino un viaje continuo de aprendizaje y evolución. A medida que creces y te enfrentas a nuevos desafíos, es esencial seguir aprendiendo y desarrollándote como emprendedor. Mantente al tanto de las últimas tendencias en tu industria, busca oportunidades de capacitación y mentoría, y mantén una mentalidad abierta para adaptarte a los cambios del entorno empresarial.

10.4 Inspirando a otros emprendedores

Como emprendedor exitoso, tienes la capacidad de inspirar y motivar a otros que están en el camino del emprendimiento. Comparte tus experiencias, aprendizajes y consejos con otros emprendedores, ya sea a través de mentorías, charlas o escritos. Tu historia y conocimientos pueden ser una fuente de inspiración para aquellos que están comenzando o enfrentando desafíos similares. Contribuir al crecimiento y éxito de otros emprendedores es una forma poderosa de dejar un legado duradero.

10.5 Celebrando tus logros y cultivando la gratitud

A lo largo de tu viaje emprendedor, tómate el tiempo para celebrar tus logros y reconocer tus éxitos. Celebra los hitos alcanzados, reconoce tu crecimiento personal y agradece a aquellos que te han apoyado en el camino. La gratitud es una poderosa práctica que te permite valorar tu progreso y mantener una mentalidad positiva a medida que avanzas hacia el éxito y el legado que deseas crear.

En conclusión, este último capítulo te invita a reflexionar sobre el significado del éxito personal y profesional, construir un legado duradero, seguir aprendiendo y evolucionando, inspirar a otros emprendedores y celebrar tus logros. El camino hacia el éxito y el legado es un viaje emocionante y desafiante, pero con dedicación, pasión y perseverancia, puedes alcanzar tus metas y dejar un impacto positivo en el mundo a través de tu emprendimiento. ¡Felicitaciones por tu valentía y determinación en este camino emprendedor!

Capítulo 10: El camino hacia el éxito y el legado

10.1 Cultivando relaciones comerciales y colaborativas

En este capítulo final, exploraremos la importancia de cultivar relaciones comerciales sólidas y colaborativas para alcanzar el éxito y construir un legado duradero como emprendedor. Las relaciones comerciales y colaborativas pueden abrir puertas, proporcionar oportunidades de crecimiento y contribuir al desarrollo continuo de tu negocio. Veamos cómo puedes fortalecer y aprovechar al máximo estas relaciones.

10.1.1 Identificando socios estratégicos

Identificar socios estratégicos es fundamental para el crecimiento y el éxito de tu negocio. Busca socios que compartan valores similares, tengan habilidades complementarias y estén dispuestos a colaborar de manera mutuamente beneficiosa. Establecer alianzas estratégicas te brinda acceso a nuevas redes, recursos y conocimientos, y te permite aprovechar sinergias para impulsar tu negocio hacia adelante.

10.1.2 Construyendo una red profesional sólida

Una red profesional sólida es invaluable en el mundo empresarial. Conectarse con otros emprendedores, líderes de la industria y profesionales afines te brinda la oportunidad de intercambiar ideas, recibir consejos y colaborar en proyectos conjuntos. Asiste a eventos de networking, participa en grupos y asociaciones relevantes, y utiliza plataformas en línea para establecer y nutrir relaciones profesionales que puedan generar beneficios a largo plazo.

10.1.3 Fomentando la colaboración y el intercambio de conocimientos

La colaboración y el intercambio de conocimientos son motores clave para el crecimiento y la innovación. Busca oportunidades para colaborar con otros emprendedores, empresas y organizaciones que compartan intereses o objetivos similares. Puedes realizar proyectos conjuntos, participar en programas de mentoría o incluso establecer alianzas estratégicas en áreas específicas. La colaboración te permite aprovechar la experiencia y los recursos de otros, al tiempo que aportas tus propias fortalezas, creando un entorno de mutuo beneficio.

10.1.4 Manteniendo relaciones sólidas con clientes y proveedores

La relación con tus clientes y proveedores es fundamental para el éxito continuo de tu negocio. Brinda un excelente servicio al cliente, mantén una comunicación abierta y establece una relación de confianza con tus clientes. Del mismo modo, cultiva relaciones sólidas con tus proveedores, siendo transparente y cumpliendo tus compromisos. Estas relaciones sólidas te permitirán garantizar la satisfacción de tus clientes y tener acceso a productos y servicios de calidad que respalden tus operaciones comerciales.

10.1.5 Contribuyendo a la comunidad empresarial

No subestimes el poder de contribuir a la comunidad empresarial en la que te encuentras. Participa activamente en eventos, conferencias y actividades relacionadas con tu industria. Comparte tus conocimientos y experiencias a través de charlas, talleres o escritos. Al hacerlo, no solo fortalecerás tu reputación como experto en tu campo, sino que también te conectarás con otros emprendedores y líderes que pueden convertirse en valiosos aliados comerciales o incluso en mentores.

En resumen, cultivar relaciones comerciales y colaborativas sólidas es esencial para el éxito y el legado duradero como emprendedor. Identifica socios estratégicos, construye una red profesional sólida, fomenta la colaboración y el intercambio de conocimientos, y mantén relaciones sólidas con tus clientes y proveedores. Además, no olvides contribuir a la comunidad empresarial, compartiendo tu experiencia y conocimientos.

Al invertir tiempo y esfuerzo en construir relaciones sólidas, te abrirás a nuevas oportunidades de crecimiento, colaboración y aprendizaje. Las relaciones comerciales y colaborativas pueden ayudarte a superar desafíos, acceder a recursos y conocimientos adicionales, y expandir tu influencia en el mercado.

Recuerda que el éxito no se logra en solitario. Aprovecha las conexiones y sinergias que surgen de las relaciones comerciales y colaborativas para impulsar tu negocio hacia adelante. No tengas miedo de buscar asociaciones estratégicas, colaborar con otros emprendedores y contribuir a la comunidad empresarial. Al hacerlo, estarás construyendo una base sólida para el éxito duradero y dejando un legado significativo en el mundo empresarial.

En el próximo y último capítulo, exploraremos cómo puedes mantener tu éxito a largo plazo, asegurando la sostenibilidad y el crecimiento continuo de tu negocio.

Capítulo 10: El camino hacia el éxito y el legado

10.2 Fomentando la innovación y adaptación continua

En este último capítulo, exploraremos la importancia de fomentar la innovación y la adaptación continua en tu negocio para mantener tu éxito a largo plazo y dejar un legado duradero en el mundo empresarial. En un entorno empresarial en constante evolución, es crucial estar dispuesto a innovar y adaptarse a los cambios para seguir siendo relevante y competitivo. Veamos cómo puedes impulsar la innovación y la adaptación continua en tu negocio.

10.2.1 Cultivando una mentalidad innovadora

La innovación comienza con una mentalidad abierta y dispuesta a desafiar el status quo. Fomenta una cultura empresarial que valore la creatividad, la experimentación y el aprendizaje constante. Anima a tu equipo a generar nuevas ideas, a cuestionar las prácticas existentes y a buscar soluciones innovadoras a los desafíos. Al crear un entorno que fomente la innovación, estarás sentando las bases para adaptarte a los cambios y encontrar nuevas oportunidades de crecimiento.

10.2.2 Manteniéndote al tanto de las tendencias y tecnologías emergentes

El mundo empresarial está en constante evolución, impulsado por avances tecnológicos y cambios en las preferencias de los consumidores. Mantente al tanto de las tendencias y las tecnologías emergentes en tu industria. Participa en conferencias, seminarios y eventos relacionados para mantener tu conocimiento actualizado. Esto te permitirá identificar oportunidades de innovación y adaptación a medida que surjan.

10.2.3 Fomentando la colaboración y el intercambio de ideas

La innovación se fortalece a través de la colaboración y el intercambio de ideas. Busca oportunidades para colaborar con otras empresas, emprendedores y profesionales de diferentes industrias. Organiza sesiones de lluvia de ideas, mesas redondas o grupos de discusión para generar nuevas perspectivas y soluciones. La diversidad de pensamiento y la colaboración pueden inspirar ideas frescas y disruptivas que impulsen tu negocio hacia adelante.

10.2.4 Adaptándote rápidamente a los cambios del mercado

El entorno empresarial es dinámico y está sujeto a cambios constantes. Es importante tener la capacidad de adaptarte rápidamente a los cambios del mercado. Mantén un ojo atento a las necesidades y preferencias cambiantes de tus clientes, así como a las tendencias emergentes en tu industria. Flexibilidad y agilidad son clave para ajustar tu enfoque y estrategia comercial según sea necesario.

10.2.5 Fomentando una cultura de aprendizaje continuo

El aprendizaje continuo es fundamental para la adaptación y la innovación. Anima a tu equipo a buscar oportunidades de desarrollo profesional, ya sea a través de capacitaciones, cursos o mentorías. Fomenta una cultura de aprendizaje en la que todos estén comprometidos con la mejora continua y la adquisición de nuevas habilidades y conocimientos. Esto ayudará a tu negocio a mantenerse ágil y listo para abrazar nuevas oportunidades.

Al fomentar la innovación y la adaptación continua en tu negocio, estarás preparado para enfrentar los desafíos cambiantes del mercado y mantenerte relevante en un entorno empresarial en constante evolución. Estarás en condiciones de aprovechar nuevas oportunidades, satisfacer las demandas cambiantes de tus clientes y mantener una ventaja competitiva.

Recuerda que la innovación y la adaptación no se limitan solo a productos o servicios. También pueden aplicarse a procesos internos, estrategias de marketing, modelos de negocio y mucho más. Mantente receptivo a nuevas ideas y enfoques, y fomenta un ambiente de trabajo que valore la creatividad, el pensamiento crítico y la colaboración.

Además, no temas a los errores o fracasos que puedan surgir en el camino. El proceso de innovación y adaptación implica experimentar y probar nuevas ideas, lo cual conlleva cierto grado de riesgo. Aprende de tus errores, ajusta tu enfoque y sigue adelante con determinación.

Recuerda que, como emprendedor, tu objetivo no solo es construir un negocio exitoso, sino también dejar un legado significativo. Esto implica crear un impacto duradero en tu industria, en la vida de tus clientes y en tu comunidad. Fomentando la innovación y la adaptación continua, estarás en una posición sólida para crear un legado que trascienda tu propio éxito y se convierta en una inspiración para futuros emprendedores.

En conclusión, el camino hacia el éxito y el legado como emprendedor implica cultivar una mentalidad innovadora, estar abierto al cambio y estar dispuesto a adaptarte a las demandas del mercado. Fomenta la colaboración, mantente al tanto de las tendencias y tecnologías emergentes, y cultiva una cultura de aprendizaje continuo en tu negocio. Al hacerlo, estarás preparado para enfrentar los desafíos y aprovechar las oportunidades que se presenten en tu camino hacia el éxito duradero y el legado empresarial.

Capítulo 10: El camino hacia el éxito y el legado

A medida que tu negocio crece y alcanza nuevos niveles de éxito, es importante considerar el futuro y planificar la salida del negocio o la continuidad empresarial a largo plazo. Esta etapa final del libro aborda estrategias y consideraciones importantes para asegurar una transición suave y exitosa cuando llegue el momento de ceder las riendas de tu empresa.

En este capítulo, exploraremos diferentes escenarios y opciones para la salida del negocio. Discutiremos aspectos legales y financieros relacionados con la venta, fusión o traspaso de tu empresa. También consideraremos la posibilidad de establecer un plan de sucesión para asegurar la continuidad de tu negocio y preservar el legado que has construido.

10.3.1 Evaluando opciones de salida

En esta sección, analizaremos las diferentes opciones de salida disponibles para los emprendedores. Desde la venta del negocio hasta la fusión con otras empresas o la creación de un acuerdo de traspaso, exploraremos las ventajas y desventajas de cada opción y cómo determinar cuál es la más adecuada para tus objetivos y circunstancias.

10.3.2 Preparando tu negocio para la transición

Aquí discutiremos la importancia de preparar adecuadamente tu negocio para la transición. Esto incluye organizar y documentar los aspectos clave de tu empresa, como los contratos, la propiedad intelectual y los activos. También abordaremos cómo maximizar el valor de tu negocio antes de la venta o transición.

10.3.3 Planificando la continuidad empresarial

Si tu objetivo es que tu negocio continúe operando incluso después de que dejes de estar involucrado de forma directa, esta sección te guiará en la planificación de la continuidad empresarial. Hablaremos sobre la importancia de identificar y desarrollar líderes potenciales, así como de establecer sistemas y procesos robustos para garantizar que la empresa pueda seguir funcionando sin problemas.

10.3.4 Consideraciones legales y financieras

En esta parte, profundizaremos en las consideraciones legales y financieras relacionadas con la salida o la continuidad empresarial. Abordaremos temas como la valoración de la empresa, la estructuración del acuerdo de venta o traspaso, y la protección de tus intereses y activos durante el proceso.

10.3.5 El legado empresarial

Finalmente, reflexionaremos sobre el legado que deseas dejar como emprendedor. Hablaremos sobre cómo preservar tus valores y visión empresarial a medida que te preparas para la transición, así como la importancia de establecer un legado duradero que inspire a futuros emprendedores y contribuya al desarrollo de tu industria y comunidad.

En resumen, este capítulo te proporcionará una guía detallada para planificar la salida o la continuidad empresarial. Te ayudará a considerar las diferentes opciones disponibles y te proporcionará las herramientas y conocimientos necesarios para asegurar una transición exitosa y preservar el legado de tu negocio.

Capítulo 11: El equilibrio entre vida personal y profesional

En la búsqueda del éxito como emprendedor, es fácil dejarse llevar por las exigencias y demandas del negocio y descuidar otros aspectos importantes de la vida. Este capítulo se enfoca en la importancia de encontrar un equilibrio saludable entre la vida personal y profesional, y cómo lograrlo para disfrutar de una vida plena y satisfactoria en todos los aspectos.

11.1 Reconociendo la importancia del equilibrio

En esta sección, exploraremos por qué es crucial establecer un equilibrio adecuado entre la vida personal y profesional. Discutiremos los impactos negativos de un desequilibrio y cómo puede afectar nuestra salud, relaciones personales y bienestar general. También aprenderemos a reconocer las señales de advertencia de un desequilibrio y la importancia de tomar medidas para corregirlo.

11.2 Estableciendo límites y prioridades

Aquí nos adentraremos en cómo establecer límites claros y definir nuestras prioridades tanto en el ámbito personal como en el profesional. Discutiremos estrategias para administrar el tiempo de manera efectiva, establecer límites de trabajo y aprender a decir "no" cuando sea necesario. También abordaremos la importancia de identificar y priorizar las áreas de nuestra vida que son más significativas para nosotros.

11.3 Creando rutinas y hábitos saludables

En esta sección, nos enfocaremos en la importancia de crear rutinas y hábitos saludables que apoyen nuestro equilibrio entre la vida personal y profesional. Hablaremos sobre la importancia de cuidar nuestra salud física y mental, incluyendo el ejercicio regular, la alimentación saludable, el sueño adecuado y la práctica de técnicas de manejo del estrés. También exploraremos cómo incorporar actividades de disfrute y tiempo libre en nuestra rutina diaria.

11.4 Cultivando relaciones y conexiones significativas

Aquí discutiremos la importancia de mantener relaciones personales significativas y cultivar conexiones fuera del ámbito empresarial. Hablaremos sobre la importancia de mantener una red de apoyo sólida, incluyendo familiares, amigos y mentores. También exploraremos cómo encontrar tiempo de calidad para dedicar a nuestras relaciones personales y cómo mantener un equilibrio saludable entre nuestro trabajo y nuestras interacciones sociales.

11.5 Recuperando el equilibrio cuando se desequilibra

En esta última sección, abordaremos cómo recuperar el equilibrio cuando se desequilibra. Hablaremos sobre la importancia de reconocer los signos de desequilibrio y tomar medidas correctivas. Discutiremos estrategias para gestionar el estrés y recuperar la motivación y la pasión en ambos aspectos de nuestra vida. También exploraremos cómo aprender a delegar tareas y buscar apoyo cuando sea necesario.

En resumen, este capítulo se centra en la importancia de encontrar un equilibrio saludable entre la vida personal y profesional. Te proporcionará herramientas y estrategias prácticas para establecer límites, establecer prioridades, crear rutinas saludables y cultivar relaciones significativas. Aprenderás a reconocer los signos de desequilibrio y a tomar medidas para recuperar el equilibrio cuando sea necesario, para disfrutar de una vida plena y satisfactoria en todas las áreas.

11.1 Administrando tu tiempo y estableciendo límites

Una de las claves para lograr un equilibrio entre la vida personal y profesional es administrar eficientemente tu tiempo y establecer límites claros. En este apartado, exploraremos estrategias prácticas para organizar tu tiempo de manera efectiva y asegurarte de que dediques la atención adecuada tanto a tus responsabilidades empresariales como a tus compromisos personales.

En primer lugar, aprenderás a identificar tus prioridades y asignar tiempo a cada una de ellas. Esto implica evaluar tus objetivos personales y profesionales y determinar cuáles son las tareas y actividades más importantes en cada área. Al establecer prioridades claras, podrás dedicar tiempo y energía a lo que realmente importa, evitando la sensación de estar constantemente abrumado.

Además, te familiarizarás con técnicas de gestión del tiempo, como la técnica de Pomodoro o la matriz de Eisenhower. Estas herramientas te ayudarán a dividir tus tareas en bloques de tiempo y a priorizarlas según su importancia y urgencia. De esta manera, podrás optimizar tu productividad y evitar la procrastinación.

Asimismo, exploraremos la importancia de establecer límites y decir "no" cuando sea necesario. Como emprendedor, es común sentir la presión de asumir más responsabilidades y compromisos de los que realmente puedes manejar. Sin embargo, es fundamental reconocer tus propios límites y aprender a delegar, establecer límites de trabajo y establecer un equilibrio saludable entre tu vida personal y profesional.

Además, abordaremos la importancia de establecer rutinas y horarios regulares. Tener una estructura diaria te ayudará a mantener el equilibrio, ya que sabrás exactamente cuándo dedicar tiempo a tu negocio y cuándo reservar tiempo para ti mismo y tus seres queridos. Establecer límites de horario y respetarlos te permitirá desconectar del trabajo y disfrutar de momentos de descanso y recreación.

Por último, discutiremos cómo establecer límites digitales en un mundo cada vez más conectado. El uso excesivo de dispositivos electrónicos y las constantes interrupciones pueden afectar negativamente tu equilibrio y bienestar. Exploraremos estrategias para establecer límites tecnológicos, como establecer períodos de tiempo libre de pantallas y establecer normas claras en cuanto a la disponibilidad y respuesta a las comunicaciones laborales fuera del horario de trabajo.

En resumen, administrar tu tiempo de manera efectiva y establecer límites claros es esencial para lograr un equilibrio entre tu vida personal y profesional. A través de técnicas de gestión del tiempo, establecimiento de prioridades, establecimiento de límites y creación de rutinas, podrás dedicar tiempo y atención adecuada a todas las áreas importantes de tu vida. Esto te permitirá disfrutar de una mayor calidad de vida y mantener tu bienestar mientras persigues tus objetivos empresariales.

11.2 Manteniendo una salud física y mental óptima

En el camino hacia el éxito como emprendedor, es crucial cuidar tanto de tu salud física como de tu bienestar mental. En este capítulo, exploraremos la importancia de mantener una salud óptima y te proporcionaremos consejos prácticos para lograrlo.

Comenzaremos hablando de la importancia de la actividad física regular. El emprendimiento puede ser exigente y demandante, por lo que es fundamental encontrar tiempo para ejercitarte y mantener tu cuerpo en forma. La actividad física no solo te ayudará a mantener un buen estado físico, sino que también mejorará tu nivel de energía, aumentará tu concentración y reducirá el estrés. Exploraremos diferentes formas de ejercicio y cómo incorporarlos en tu rutina diaria, incluso si tienes una agenda ocupada.

Además, abordaremos la importancia de una alimentación saludable. Una dieta equilibrada y nutritiva es fundamental para mantener tu bienestar general y proporcionarte la energía necesaria para enfrentar los desafíos del emprendimiento. Discutiremos pautas y consejos prácticos para una alimentación saludable, como elegir alimentos frescos y naturales, planificar comidas balanceadas y evitar la comida rápida y procesada. También te brindaremos ideas sobre cómo mantener una alimentación saludable, incluso cuando tienes poco tiempo disponible.

No podemos dejar de lado la salud mental. El emprendimiento puede generar presión y estrés, por lo que es esencial cuidar de tu bienestar mental. Hablaremos sobre la importancia de tomarse tiempo para descansar y relajarse, así como de la necesidad de establecer límites claros entre el trabajo y la vida personal. Exploraremos técnicas de manejo del estrés, como la meditación, la respiración consciente y la práctica de actividades que te brinden alegría y satisfacción. También abordaremos la importancia de buscar apoyo emocional, ya sea a través de la conversación con amigos y seres queridos, la participación en grupos de apoyo o incluso la búsqueda de la ayuda de un profesional si es necesario.

Además, discutiremos la importancia del autocuidado. El emprendimiento puede consumir mucho tiempo y energía, pero es fundamental recordar que debes cuidar de ti mismo para poder rendir al máximo. Te proporcionaremos consejos prácticos sobre cómo integrar el autocuidado en tu vida diaria, ya sea a través de actividades como tomar tiempo para leer, practicar hobbies, disfrutar de momentos de ocio, o simplemente dedicar un tiempo exclusivo para ti.

En resumen, mantener una salud física y mental óptima es esencial para enfrentar los desafíos del emprendimiento de manera exitosa. A través de la actividad física regular, una alimentación saludable, el manejo del estrés y el autocuidado, podrás asegurarte de que tu cuerpo y mente estén en las mejores condiciones para enfrentar los retos y alcanzar tus metas. Recuerda que cuidar de ti mismo no solo beneficiará tu negocio, sino que también te permitirá disfrutar de una vida plena y equilibrada.

11.3 Cultivando relaciones personales y familiares

A medida que te embarcas en el viaje del emprendimiento, es fundamental recordar que el éxito no solo se mide por el crecimiento de tu negocio, sino también por la calidad de tus relaciones personales y familiares. En este capítulo, exploraremos la importancia de cultivar y nutrir tus relaciones personales mientras construyes tu negocio.

Comenzaremos hablando de la importancia de la comunicación efectiva. El emprendimiento puede consumir mucho tiempo y energía, lo que puede afectar tus relaciones personales si no se gestionan adecuadamente. Aprenderemos a comunicarnos de manera clara y abierta con nuestros seres queridos, expresando nuestras necesidades, expectativas y preocupaciones. Discutiremos cómo establecer momentos de calidad para la comunicación, como cenas en familia o salidas especiales con amigos, y cómo equilibrar el tiempo dedicado al trabajo y a las relaciones personales.

Además, exploraremos la importancia de establecer límites y encontrar un equilibrio entre el trabajo y la vida personal. El emprendimiento puede volverse abrumador y consumir todo tu tiempo si no tienes cuidado. Aprenderemos a establecer límites claros y a dedicar tiempo de calidad a tus seres queridos. Discutiremos estrategias para gestionar tu tiempo de manera eficiente, como establecer horarios específicos para el trabajo y para actividades familiares o sociales. También exploraremos cómo delegar responsabilidades y pedir apoyo cuando sea necesario, tanto en el ámbito empresarial como en el personal.

En este capítulo, también abordaremos el tema de la resiliencia en las relaciones personales. El emprendimiento puede presentar desafíos y momentos difíciles, y es importante tener el apoyo de tus seres queridos durante esos momentos. Aprenderemos a fomentar la comprensión y el apoyo mutuo, brindando un espacio seguro para expresar preocupaciones y buscar soluciones juntos. Exploraremos cómo apoyar los sueños y metas de los demás, y cómo celebrar los logros y éxitos tanto en el ámbito empresarial como en el personal.

Finalmente, discutiremos la importancia de mantener una mentalidad de gratitud y apreciación hacia las personas que te rodean. Reconocer y valorar el apoyo y el amor que recibes de tu familia y amigos fortalecerá tus relaciones y te ayudará a mantener un equilibrio saludable entre tu vida empresarial y personal. Exploraremos prácticas de gratitud y cómo expresar tu aprecio de diferentes maneras, como mostrar interés genuino en las vidas y logros de las personas cercanas a ti.

En resumen, cultivar relaciones personales y familiares sólidas es esencial para mantener un equilibrio saludable entre tu vida empresarial y personal. A través de una comunicación efectiva, establecimiento de límites, apoyo mutuo y prácticas de gratitud, podrás fortalecer tus lazos afectivos mientras avanzas en tu camino emprendedor. Recuerda que el éxito en los negocios es significativo, pero también lo es tener relaciones personales enriquecedoras y satisfactorias que te brinden felicidad y apoyo a lo largo de tu viaje emprendedor.

11.4 Encontrando armonía entre tus roles como emprendedor y persona

Como emprendedor, puede resultar desafiante equilibrar tus múltiples roles y responsabilidades tanto en el ámbito empresarial como en tu vida personal. En este capítulo, exploraremos estrategias para encontrar armonía entre estos dos aspectos fundamentales de tu vida.

Comenzaremos por comprender la importancia de definir tus prioridades y establecer metas claras. Identificar tus valores y lo que realmente es importante para ti te ayudará a enfocar tus esfuerzos y tomar decisiones que estén alineadas con tus objetivos tanto profesionales como personales. Aprenderás a establecer límites saludables y a decir "no" cuando sea necesario, evitando así la sobrecarga y el agotamiento.

Además, discutiremos la importancia de la gestión del tiempo y la organización. Exploraremos técnicas y herramientas que te permitirán optimizar tu tiempo y realizar un seguimiento efectivo de tus tareas y proyectos. Aprenderás a establecer rutinas y horarios que te permitan dedicar tiempo de calidad tanto a tu negocio como a tu vida personal. También discutiremos la importancia de la flexibilidad y la adaptabilidad, ya que el equilibrio entre los roles como emprendedor y persona puede requerir ajustes en diferentes momentos.

En este capítulo, también abordaremos la importancia de cuidar tu bienestar físico y mental. Reconocer la importancia de descansar adecuadamente, alimentarse de manera saludable y mantenerse activo te ayudará a tener la energía y la claridad mental necesarias para desempeñarte en tus roles de manera efectiva. Aprenderás técnicas de manejo del estrés y la importancia de dedicar tiempo a actividades que te proporcionen satisfacción y relajación.

Por último, discutiremos la importancia de nutrir tus relaciones personales y buscar apoyo cuando lo necesites. Aprenderás a delegar tareas y a buscar ayuda tanto en el ámbito empresarial como en tu vida personal. Exploraremos cómo establecer líneas de comunicación abiertas y honestas con tu familia, amigos y seres queridos, permitiendo que te apoyen y te brinden el respaldo emocional necesario.

En resumen, encontrar armonía entre tus roles como emprendedor y persona requiere un enfoque consciente y una planificación adecuada. A través de la definición de prioridades, gestión del tiempo, cuidado de tu bienestar físico y mental, y búsqueda de apoyo en tus relaciones personales, podrás encontrar un equilibrio saludable que te permita disfrutar tanto de tu éxito empresarial como de una vida personal plena y satisfactoria. Recuerda que encontrar este equilibrio es un proceso continuo, pero con las herramientas y estrategias adecuadas, podrás crear una vida en la que te sientas realizado y feliz en todos los aspectos.

Conclusiones

A lo largo de este libro, hemos explorado los diferentes aspectos involucrados en el proceso de pasar de ser empleado a emprendedor y convertirte en tu propio jefe. Hemos abordado temas fundamentales como la motivación, la identificación de tu pasión y propósito, la superación del miedo al cambio, la definición del éxito en el emprendimiento y la construcción de una mentalidad emprendedora.

En el camino, hemos aprendido a evaluar nuestras habilidades y conocimientos, establecer metas claras, construir una red de apoyo, identificar oportunidades de negocio, planificar estratégicamente, enfrentar desafíos y mantener un equilibrio saludable entre nuestra vida personal y profesional.

Al llegar a este punto, es importante recapitular los principales temas y conceptos discutidos a lo largo del libro. Hemos aprendido la importancia de tomar el control de nuestras vidas y perseguir nuestros sueños, reconociendo que el emprendimiento es un camino lleno de desafíos, pero también de oportunidades y satisfacciones personales.

Te invitamos a que tomes acción y des el salto hacia el emprendimiento. No importa cuál sea tu campo de interés o tu nivel de experiencia, siempre hay espacio para la creatividad y la innovación. Utiliza los conocimientos adquiridos en este libro como base para construir tu camino hacia el éxito empresarial y la realización personal.

Recuerda que el emprendimiento es un viaje único y personal. Cada persona tiene sus propias metas, valores y circunstancias individuales. Lo que funciona para uno puede no funcionar para otro. Es importante adaptar los conceptos y estrategias a tu situación particular y encontrar tu propio camino.

No tengas miedo de fracasar. El fracaso es parte del proceso de aprendizaje y crecimiento. Cada obstáculo que encuentres te brinda la oportunidad de aprender, ajustar tu enfoque y seguir adelante con más determinación.

Finalmente, te animamos a rodearte de personas que te inspiren y te apoyen en tu viaje emprendedor. Busca mentores, participa en comunidades empresariales y busca oportunidades de colaboración. El apoyo de otros emprendedores y personas con ideas afines puede marcar la diferencia en tu camino hacia el éxito.

Recuerda que el emprendimiento no se trata solo de alcanzar el éxito financiero, sino también de encontrar satisfacción y propósito en lo que haces. Con pasión, perseverancia y una mentalidad emprendedora, estás listo para enfrentar los desafíos y aprovechar las oportunidades que se presenten en el mundo empresarial.

¡Ha llegado el momento de tomar acción y dar el salto hacia el emprendimiento! No esperes más, el camino te espera. Estamos seguros de que, con la determinación y el compromiso adecuados, lograrás convertirte en tu propio jefe y alcanzar tus metas y sueños más ambiciosos. ¡El éxito está a tu alcance!